_____ 드림

봄
여름
printemps
etc
가을
automne
겨울
hiver

프랑스
자수

봄
여름
가을
겨울

프랑스
자수

초판 1쇄 발행 2014년 8월 4일
초판 2쇄 발행 2014년 8월 29일

지은이 최수정

발행인 장상진
발행처 (주)경향비피
등록번호 제2012-000228호
등록일자 2012년 7월 2일

주소 서울시 영등포구 양평동 2가 37-1번지 동아프라임밸리 507-508호
전화 1644-5613 | **팩스** 02) 304-5613

ISBN 978-89-6952-031-9 13630

봄 printemps
여름 été
가을 automne
겨울 hiver

헬레정 * 지음

프랑스
자수

경향BP

사계절을 수놓은
아름다운 이름,
프랑스 자수로의 초대

우리의 마음이 무언가에 위로를 받을 수 있다면, 위로보다 더 좋은 치유가 있을까 하는 생각을 해 봅니다. 리넨 위에 프랑스 자수를 놓아가는 움직임 속에는 따스한 빛이 뿜어져 나오듯 마음이 묻어 나오고, 마음속에 맴돌던 언어가 포근한 바람이 속삭이듯 흘러 나와 대화가 시작됩니다.

마음의 빛을 담아가며 나만의 언어들을 정리해나가는 힐링과 치유가 프랑스 자수 속에 숨은 정원이 되어줍니다. 바늘로 그려가는 그림들 속엔 봄바람을 따라 아지랑이가 피어오르고 여름의 푸르름이 배어들며, 가을빛의 낭만과 겨울날의 온화한 축복이 쌓여갑니다.

프랑스 자수로 일상의 삶을 따뜻하게 꿈꾸기도 하고, 그 가운데 나를 위해 포근하게 불어오는 바람을 느끼기도 합니다. 마음의 여유를 누리기도 하고 마음의 여유를 만들기 위함이기도 하고 고운 빛의 색감은 기쁨과 즐거움, 행복을 선사합니다. 일상에 힐링이 되어줄 프랑스 자수. 그 시크릿 정원을 거니는 산책으로 당신을 초대합니다.

헬렌정

Contents

2장

프랑스 자수
모티브

3장

프랑스 자수
소품

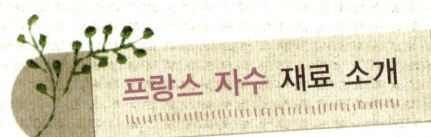
재료

01	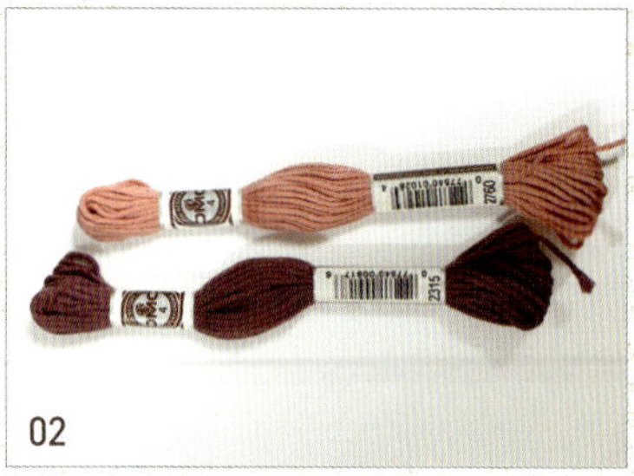 02	 03
 04	 05	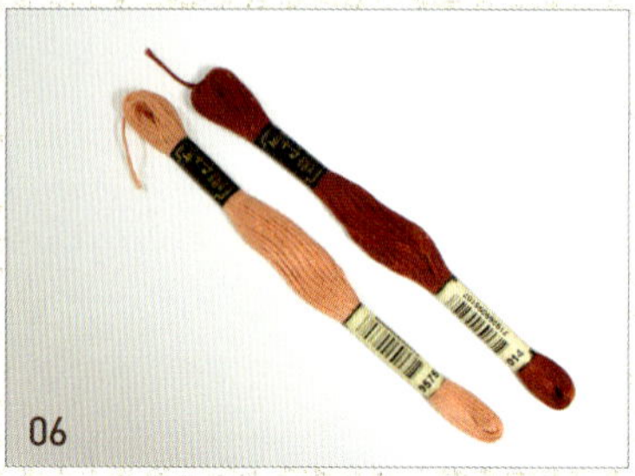 06
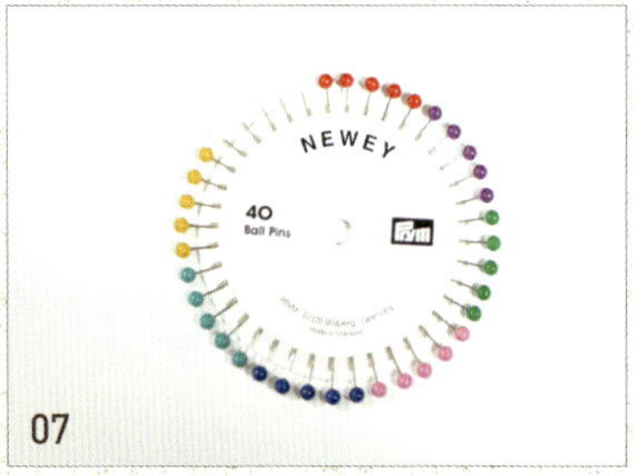 07	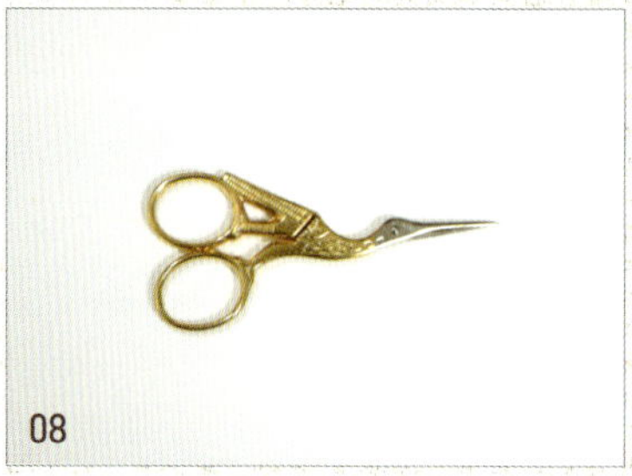 08	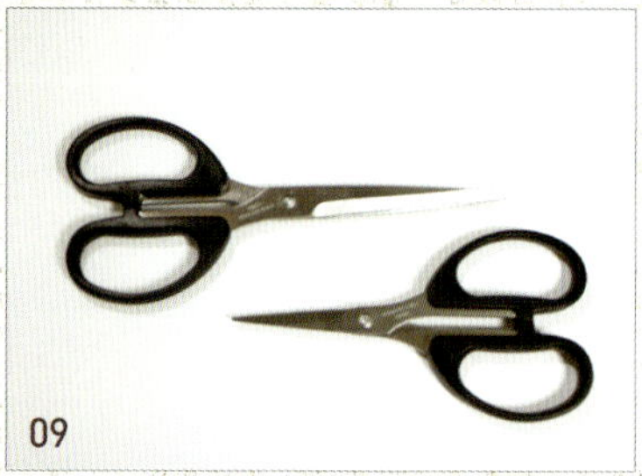 09
 10	 11	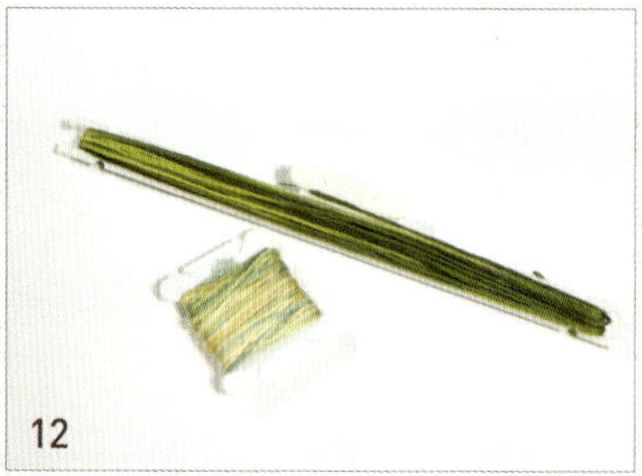 12

01 DMC 울사 울 소재의 자수실로 풍성하고 볼륨감 있는 표현이나 포근한 느낌 표현에 효과적이다. 겨울철에 많이 사용하는 실로 스웨터나 모자 등에 포인트 자수를 놓기에 적합하다.

02 DMC 4번사 표면에 광택이 없어 멋스럽고 내추럴한 느낌으로 두꺼운 선이나 입체적인 표현을 하기에 효과적이다.

03 DMC 5번사 굵은 꼬임이 있는 면사로 테두리 등의 뚜렷한 선을 표현하기에 좋다.

04 DMC 8번 면사 가는 꼬임이 있어 디테일한 표현에 효과적이다.

05 DMC 25번 면사 가장 보편적으로 사용되며 십자수실로 유명하다. 6가닥이 한 올로 이루어져 자수의 밀도와 질감의 표현에 따라 가닥수를 선택해서 사용할 수 있어 다양한 질감 표현에 효과적이다.

06 앵커 25번 면사 독일이 원산지로 프랑스의 DMC와 비교해 깊은 색감이 특징이다.

07 시침핀 도안을 옮길 때 천과 초크페이퍼, 도안을 겹쳐 고정하는 용도로 사용한다.

08 자수용 가위 끝이 날카로워 실을 자르거나 자수를 뜯어낼 때 편리하다.

09 원단용 가위 원단을 자를 때 주로 사용하지만 실을 자르는 용도로 써도 된다.

10 수틀 자수의 바늘땀이 천 위에 같은 밀도로 올려지도록 고정하는 역할을 해준다.

11 바늘 바늘은 숫자가 작아질수록 바늘귀가 커진다. 2~6가닥까지 끼울 수 있는 다양한 호수의 바늘이 있어야 자수를 놓기에 편리하다.

12 보빈 자수실을 감는 실패로 길다란 보빈은 자수실을 걸어 사용하기에 편리하다.

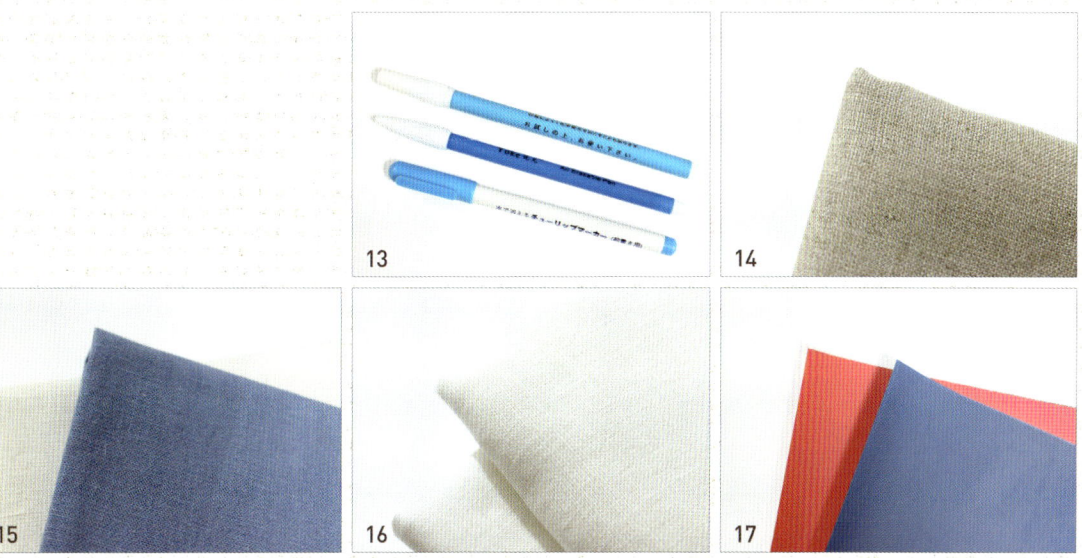

13 **수성펜** 물에 잘 지워지는 성질이 있어 도안을 그리기에 적합하다.

14 **리넨** 리넨 100%의 네추럴 리넨으로 고급스럽고 바늘이 쉽게 통과해서 손목에 무리가 없으며 초보자들에게 좋다.

15 **코튼 리넨** 마 섬유에 면이 포함되어 세탁이 용이하고 실용적이다.

16 **리투아니아 리넨** 최고 퀄리티의 리넨으로 고급스러운 작품이나 의류, 침구 작품 등을 만들기 좋다.

17 **초크페이퍼** 도안을 천에 옮길 때 사용한다.

※**트레이싱페이퍼** 자수 도안, 그림을 옮길 때 쓰는 반투명의 얇은 종이로 초보자도 쉽게 도안을 옮겨 그릴 수 있다.

※**셀로판 비닐** 트레이싱페이퍼와 초크페이퍼 사이에 끼워 쓰는 투명 비닐로 도안을 옮겨 그릴 때 페이퍼의 찢어짐을 방지한다.

실의 질감과 굵기 비교

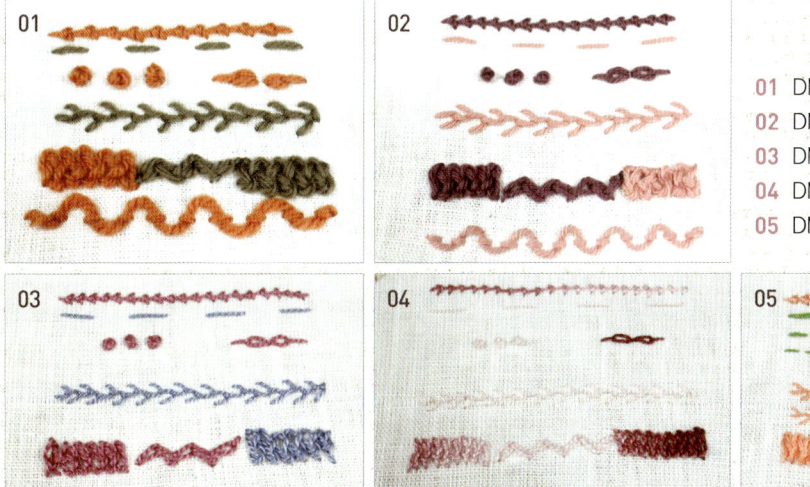

01 DMC 울사
02 DMC 4번사
03 DMC 5번사
04 DMC 8번사
05 DMC 25번사

프랑스 자수의 실 쓰는 길이

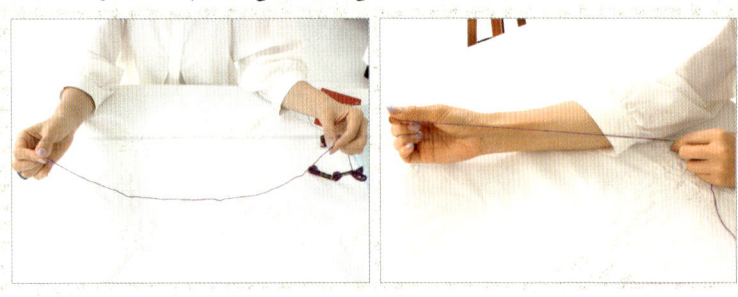

프랑스 자수에서 주로 사용하는 25번 면사의 경우, 실의 꼬임이나 매듭지어짐이 심해 자수실을 잘 다루는 것 자체가 자수의 시작이 됩니다. 자수실은 엄지와 검지로 실을 잡고, 팔꿈치를 기준으로 해서 10cm 정도 내린 길이로 잘라 사용합니다. 대개 50~60cm 정도의 길이가 적당합니다.

프랑스 자수의 실 쓰는 방법

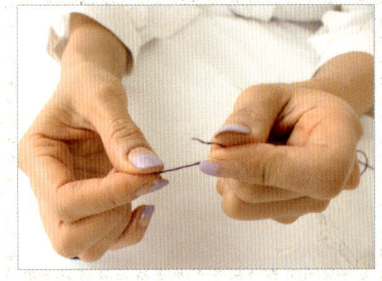 

25면 면사의 경우 6가닥의 실이 한 올로 구성되어 있습니다. 레터링의 표현이나 섬세한 선의 표현에는 1가닥의 실을, 일반적인 표현에는 2가닥의 실을, 볼륨감을 주어야 하는 표현에는 3~4가닥의 실을, 입체적인 표현에서는 6가닥의 한 올을 전부 사용하기도 합니다. 일반적인 자수실의 2가닥 실 쓰기는 6가닥으로 된 한 올의 실 중 2가닥의 실을 잡고 갈라서 사용합니다.

매듭짓는 방법

프랑스 자수에서 매듭은 매우 중요합니다. 수놓은 천의 뒷면을 그대로 보여주는 테이블보나 도일리 등의 작품에서는 자수의 뒷면도 앞면처럼 아름답게 보여야 하기 때문입니다.

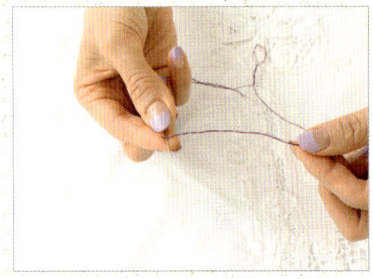 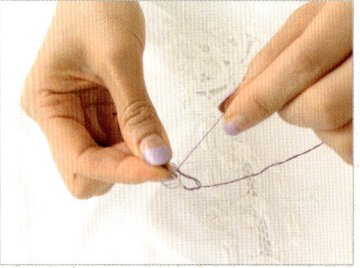

  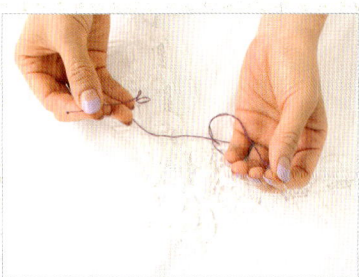

❖ **시작하는 매듭** 바늘에 실을 끼워 오른손에 바늘을 잡고 왼손에 실의 끝을 잡아줍니다. 오른손 검지 위에 실의 끝을 놓고 그 위에 바늘을 놓아 두세 번 정도 감은 후 바늘을 빼내어 실의 끝 지점까지 감은 실을 끌고 가면 매듭이 지어집니다.

❖ **마무리 매듭** 매듭이 지어질 자리에 바늘을 놓고 실을 바늘에 한두 번 감은 뒤 바늘을 빼서 매듭을 지어줍니다. 매듭 이후로 실 끝을 2~3mm 정도 남기고 잘라줍니다.

🪡 수틀 쓰는 방법

프랑스 자수에는 입체적인 표현 기법이 많아 왼손 엄지의 역할이 중요합니다. 커다란 작품의 경우 사각틀을 사용하기도 하지만 대개 원형의 수틀이 적당하며, 손에 잡기 좋은 10.5~12.5cm 정도의 크기가 쓰기에 편리합니다.

❶ 조임쇠가 없는 원형의 수틀을 천 아래에 놓습니다.
❷ 자수가 놓일 부분의 천을 그 위에 올리고 천 위에 조임쇠가 있는 원형의 수틀을 올려놓습니다.
❸ 천이 평평해지도록 조임쇠를 조여서 사용합니다.
　수틀을 돌려가며 사용하는 경우가 아닌 일반적인 자수에서는 조임쇠의 위치를 11시 방향에 두는 것이 바늘의 진행을 막지 않고 효과적으로 수를 놓을 수 있습니다.

🪡 도안 옮기는 방법

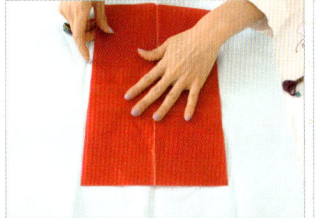  

❶ 천 위에 도안을 옮길 자리를 정한 후 초크페이퍼를 올리고 그 위에 도안을 옮긴 트레이싱페이퍼나 도안을 직접 올려놓습니다.
❷ 시침핀을 꽂아서 천과 초크페이퍼, 트레이싱페이퍼를 고정시킵니다.
❸ 철로 된 핀이나 볼펜을 이용해 트레이싱페이퍼의 도안을 따라 그대로 꾹꾹 누르며 그려갑니다.(이때 트레이싱페이퍼와 초크페이퍼 사이에 셀로판 비닐을 끼운 채로 도안을 옮기면 초크페이퍼의 찢어짐을 방지할 수 있습니다.)

아웃라인 스티치 / 레이지 데이지 스티치 / 프렌치 노트 스티치 / 페더 스티치
휘프트 러닝 스티치 / 카우칭 스티치 / 플라이 스티치 / 체인 스티치 / 블랭킷 스티치
백 스티치 / 번들 스티치 / 새틴 스티치 / 지그재그 체인 스티치 / 링 스티치
립드 스파이더 웹 스티치 / 롱 앤 숏 스티치 / 램블러 로즈 스티치 / 코럴 스티치
크레탄 스티치 / 브레이드 스티치 / 카우치트 트렐리스 스티치 / 블리온 로즈 스티치
캐스트 온 스티치 / 페탈 스티치 / 스파이더 웹 로즈 스티치 / 바스켓 스티치
레이즈드 리프 스티치 / 스미르나 스티치 / 케이블 스티치 / 실론 스티치

1장

프랑스 자수
스티치 기법

아웃라인 스티치

선을 표현하는 가장 보편적인 방법으로 쓰이는 기본적인 스티치이다. 한 땀의 1/2씩 바늘땀을 겹치면서 입체적인 꼬임을 표현하며 선의 윤곽을 실리기에 효과적이다. 아웃라인을 반복하여 선을 채우는 기법(아웃라인 필링)으로 활용되기도 한다.

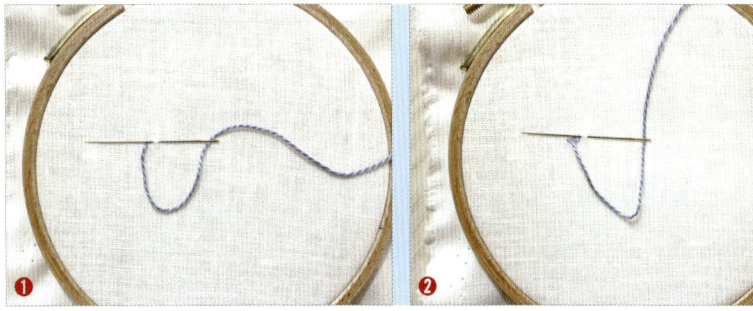

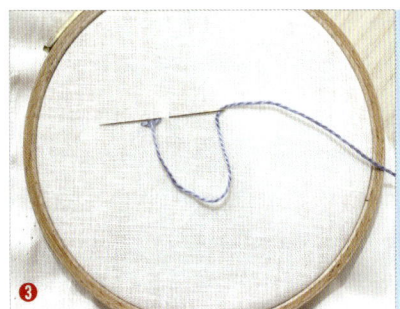

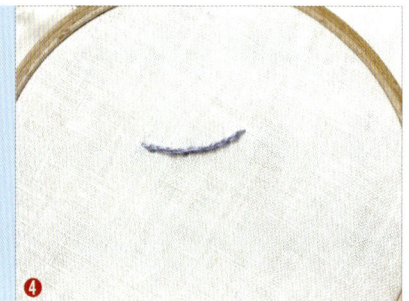

❶ 왼쪽에서 바늘을 빼어 오른쪽 한 땀 길이에 바늘을 넣은 후 놓은 땀의 1/2 정도 지점에서 바늘을 빼낸다. 1/2씩 겹쳐가는 과정이다.

❷ 한 땀의 1/2을 앞의 땀이 끝난 부분까지 떠준다.

❸ 이때 앞의 땀이 끝난 부분까지 떠주는 것이 중요하다.

❹ 아웃라인 스티치의 뒷면이 박음질처럼 만들어지는지 확인한다.

아웃라인 S

* 25번 면사

레이지 데이지 스티치

꽃잎을 표현하는 가장 기초적인 스티치이다. 꽃잎의 길이만큼 바늘땀을 떠서 둥근 고리 모양으로 표현하는데 잎을 표현하거나 반복하여 면을 채우는 기법으로도 사용한다.

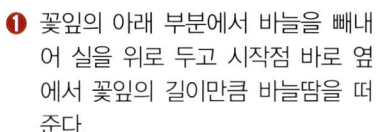

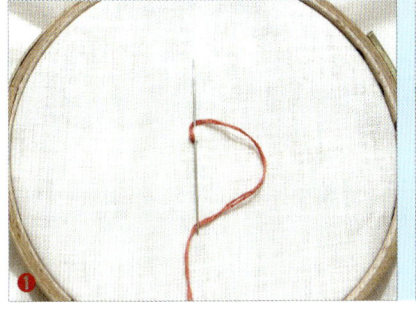
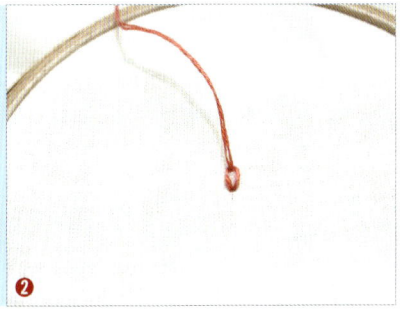
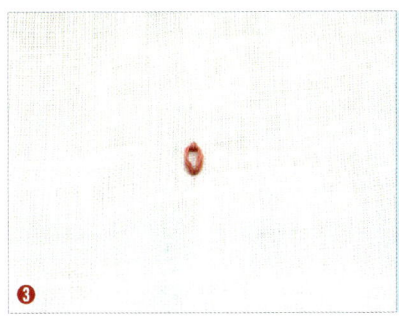
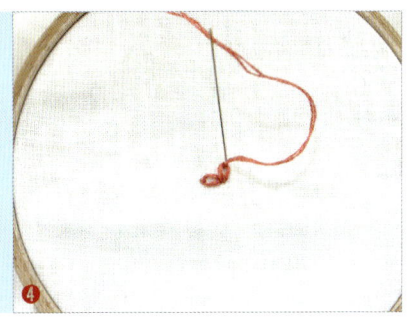

❶ 꽃잎의 아래 부분에서 바늘을 빼내어 실을 위로 두고 시작점 바로 옆에서 꽃잎의 길이만큼 바늘땀을 떠준다.

❷ 꽃잎의 모양을 살려 실이 당겨지지 않도록 바늘을 빼낸다.

❸ 고리를 작은 땀으로 고정해서 꽃잎 모양을 완성한다.

❹ 같은 방법으로 꽃잎의 각도에 따라 레이지 데이지 스티치를 만들어간다.

❺ 꽃잎의 각도는 미리 등분선을 그려 놓은 후 등분선을 따라 수놓아도 좋다.

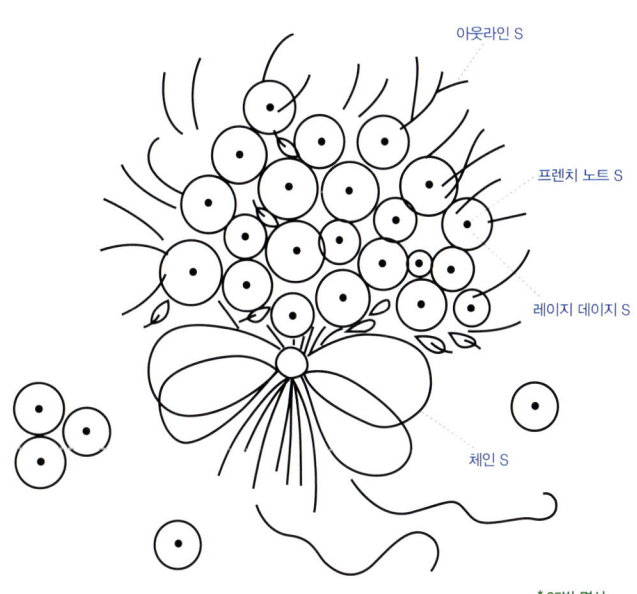

아웃라인 S

프렌치 노트 S

레이지 데이지 S

체인 S

* 25번 면사

프렌치 노트 스티치

'프랑스의 매듭'을 의미하며, 바늘에 자수실을 감아 만들어주는 스티치이다. 바늘에 자수실을 1~3회 정도로 감아 구슬 모양의 매듭을 만들어준다. 바늘을 수직으로 꽂는 것이 프렌치 노트 스티치의 중요 포인트이다.

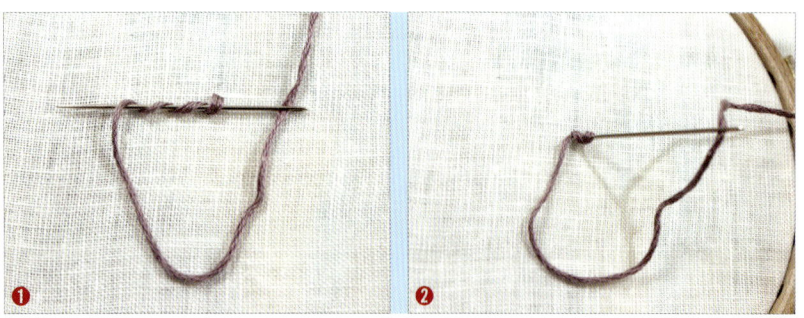

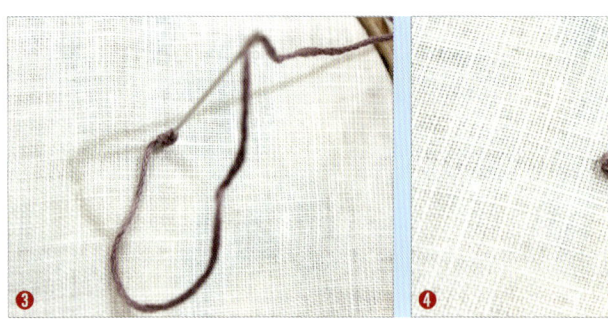

❶ 시작점에서 바늘을 빼어 실을 편안하게 잡고 바늘에 감는다.(방향에 관계없이 1~3회)

❷ 시작점 바로 옆에 실이 감겨진 바늘을 꽂는다.(이때 감겨진 실이 천 바로 위에 가지런히 놓여야 예쁜 모양을 만들 수 있다.)

❸ 바늘을 수직으로 넣는 것이 프렌치 노트 스티치의 포인트이다.

❹ 모양이 만들어진 프렌치 노트 스티치를 천 위에 밀착시켜 고정해주어야 형태가 흐트러지지 않는다.

❺ 프렌치 노트 스티치는 한 개보다는 여러 개를 놓아 표현하는 것이 효과적이다.

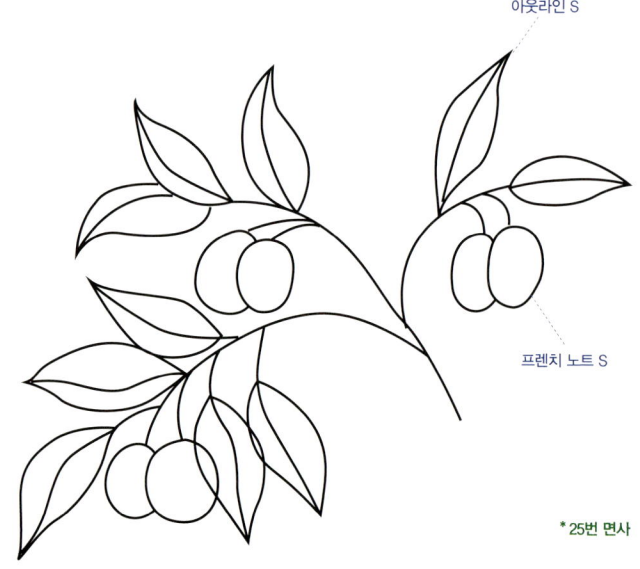

아웃라인 S

프렌치 노트 S

* 25번 면사

페더 스티치

깃털을 뜻하는 기법으로 기준선을 중심으로 양쪽에 번갈아가며 플라이 스티치를 놓아 표현하는 스티치이다. 바늘땀의 길이와 양쪽 날개의 각도에 따라 여러 가지 느낌을 표현해줄 수 있다.

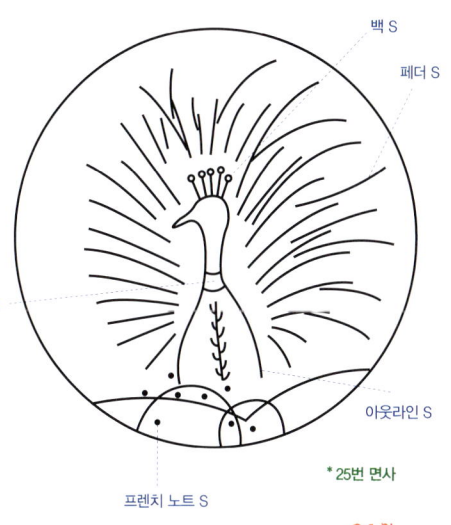

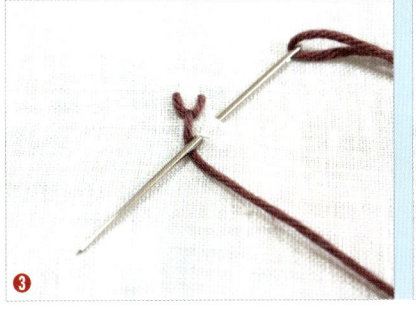
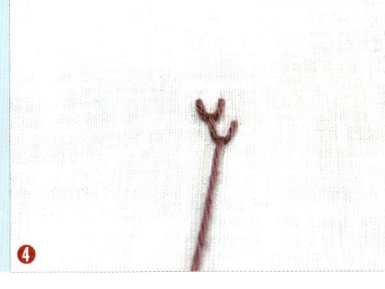

❶ 시작점과 수평이 되게 바늘을 꽂아 두 지점의 가운데 아래로 사선이 되게 바늘을 넣는다.

❷ 바늘을 빼면 하나의 페더 스티치가 완성된다.

❸ 나온 지점과 수평이 되게 오른쪽으로 바늘을 꽂아 사선이 되게 다음 땀을 만들어간다.

❹ 이때 바늘이 나오는 점이 땀의 가운데 놓이게 하고 양쪽 땀의 길이가 같아야 한다.

❺ 나온 지점과 수평이 되게 왼쪽으로 바늘을 꽂아 사선이 되게 다음 땀을 만든다.

❻ 오른쪽과 왼쪽을 번갈아가며 같은 땀의 길이를 유지하며 부드러운 깃털 모양을 만들어가는 것이 중요하다.

(Tip. 사선으로 바늘땀을 잡을 때 바늘의 각도에 따라 부드러운 느낌의 변화를 줄 수 있다.)

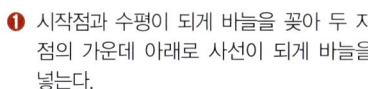

백 S

페더 S

브레이드 S

아웃라인 S

프렌치 노트 S

* 25번 면사

휘프트 러닝 스티치

프랑스 자수의 가장 기초적인 선을 표현하는 홈질과도 같은 러닝 스티치를 먼저 놓은 후 한 방향으로 휘감아가는 스티치 기법으로 꼬임이 있는 질감과 컬러의 대비 등으로 선을 표현하기에 효과적이다.

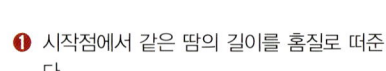

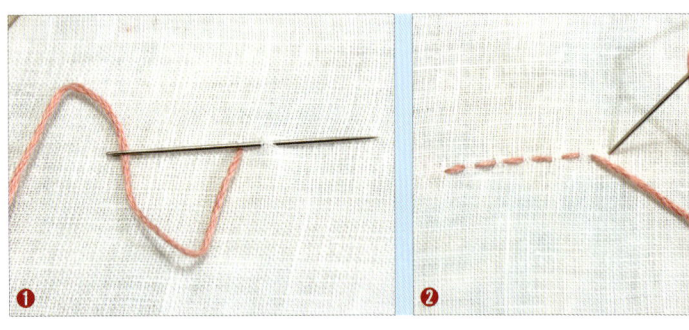

❶

❷

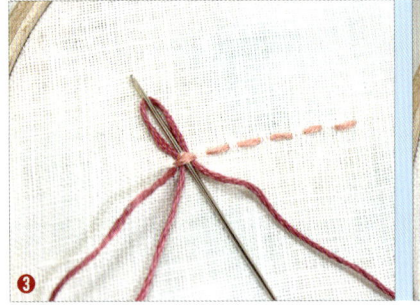

❸

❹

❺

❻

❶ 시작점에서 같은 땀의 길이를 홈질로 떠준다.

❷ 같은 바늘땀을 위아래로 떠주는 러닝 스티치가 완성된다.

❸ 스티치의 시작점과 같은 지점에서 바늘을 빼내어 첫 땀의 아래에서 위로 바늘귀를 이용하여 넣는다.(이때 바늘 앞부분으로 넣을 경우 먼저 놓은 실에 엮일 수 있으므로 반드시 바늘귀 쪽을 이용해야 한다.)

❹ 바늘땀 사이를 완전히 통과한다.

❺ 4와 같은 방법으로 다음 바늘땀을 통과한다.

❻ 먼저 놓은 스티치를 같은 방향으로 감아가는 휘프트 러닝 스티치가 완성된다.

(Tip. 스타 스티치는 원을 8등분한 후 중심을 고정한다.)

스타 S   휘프트 러닝 S

* 25번 면사

카우칭 스티치

여러 가닥의 실이나 굵은 실을 올려놓은 후 가는 실로 고정시켜가 며 선을 표현하는 스티치로 굵은 실은 라인의 역할을 하고 가는 실은 형태 를 만든다. 선을 입체적으로 표현하기에 효과적이다. 화이트워크(백사 자 수)의 마운트멜릭 기법에서 주로 사용된다.

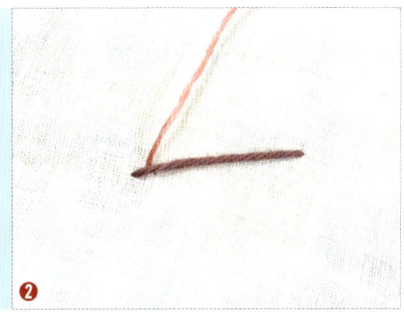

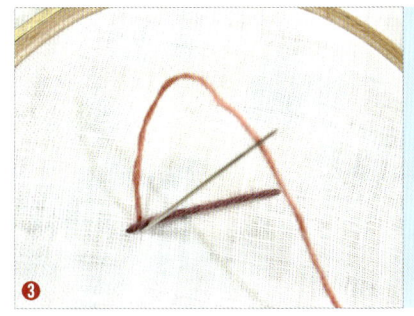

❶ 라인이 되는 굵은 실은 시작점과 끝점에 놓이게 된다.

❷ 가느다란 실을 끼워 굵은 실을 묶어줄 지 점에서 실을 빼준다.

❸ 굵은 실을 감아 가느다란 실이 나온 같은 지점에 바늘을 꽂는다.

❹ 같은 간격으로 다음 바늘땀을 만들어간다.

❺ 이때 굵은 실을 감는 바늘땀의 간격은 일 정해야 한다.

❻ 입체적인 선의 표현이나 식물의 줄기, 잎 등을 표현하기에 좋다.

카우칭 S

프렌치 노트 S

*25번 면사

플라이 스티치

'날다'라는 뜻의 스티치 기법으로 알파벳 Y의 모양이다. Y자 형태의 꼬리를 길게 표현해주기도 하고 V자 형태로 꼬리가 없는 모양으로 표현하기도 한다. 꽃의 줄기나 꽃잎의 표현 등에 다양하게 응용할 수 있다.

❶

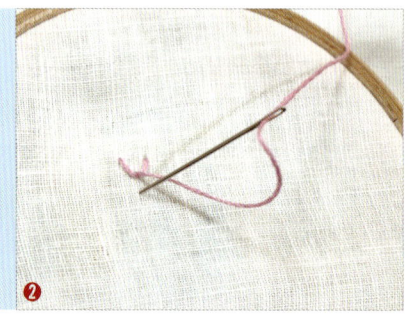

❷

❸

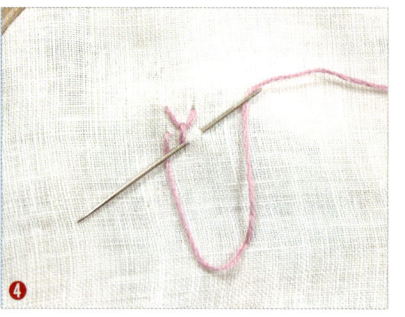

❹

❺

❻

❶ 시작점에서 오른쪽으로 수평이 되게 바늘 땀을 잡아 사선이 되는 가운데 아래 지점으로 바늘을 꽂는다.

❷ Y자 모양의 V의 가운데 지점에서 실이 나오면 Y자의 아래 부분에 바늘을 꽂는다.

❸ 하나의 플라이 스티치가 완성된다. 연결되는 플라이 스티치는 다시 처음 시작점에 바늘을 넣어준다.

❹ 수평이 되게 오른쪽에서 이전 스티치의 끝부분으로 바늘을 넣어준다.(이때 이전 스티치의 끝 지점에 반드시 바늘을 넣어주어야 연결이 된다.)

❺ Y자의 끝부분에 바늘을 넣어 다시 다음 땀의 시작점으로 바늘을 넣어 연결해간다.

❻ 연결되는 플라이 스티치는 식물의 잎이나 줄기 등을 표현할 때 사용하기 좋다.

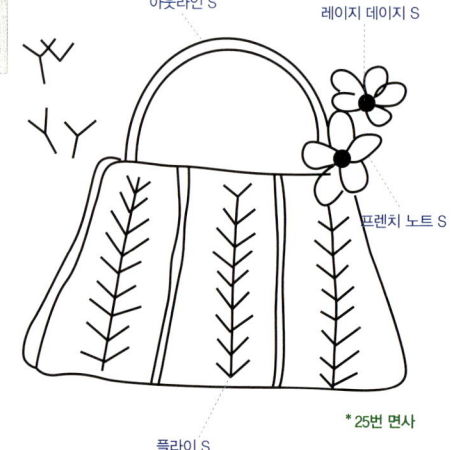

아웃라인 S

레이지 데이지 S

프렌치 노트 S

플라이 S

* 25번 면사

체인 스티치

'사슬 뜨기'로도 불리는 스티지 기법으로 레이시 네이시 스티치를 연결하여 고리 모양의 링을 만들며 굵은 선이나 면을 채울 때 주로 사용한다.

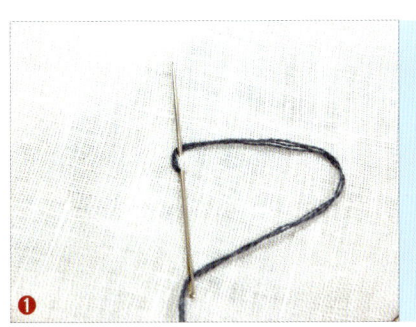

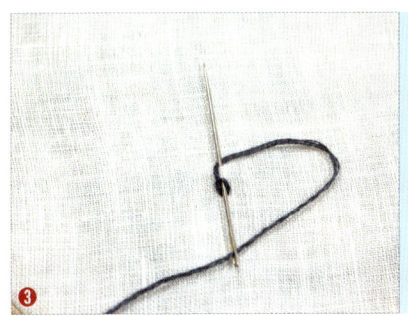
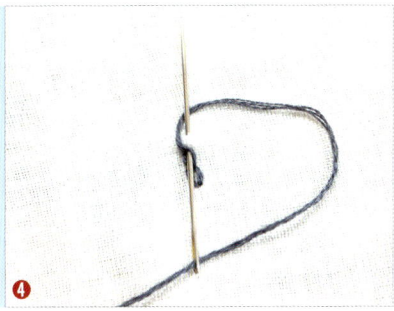

❶ 레이지 데이지 스티치와 같은 방법으로 바늘땀을 떠준다.

❷ 실이 완전히 당겨지지 않게 조절하여 둥근 고리를 만들어준다.

❸ 고리의 안쪽에서 같은 방법으로 체인을 만들어간다.

❹ 이때 같은 간격의 체인을 만드는 것이 중요하다.

❺ 체인 스티치의 마무리도 레이지 데이지 스티치와 같은 방법으로 고리를 걸어 고정하면 된다.

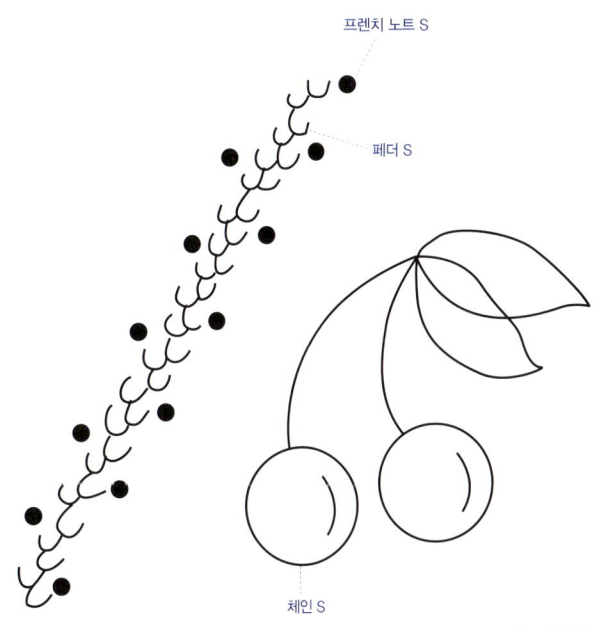

프렌치 노트 S

페더 S

체인 S

* 25번 면사

블랭킷 스티치

단추 구멍에 사용되는 스티치로 도일리, 컷워크, 아플리케 기법에
사용되며 다양하게 응용되어서 프랑스 자수에서는 사용 영역이 넓다.

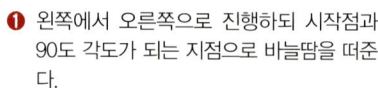

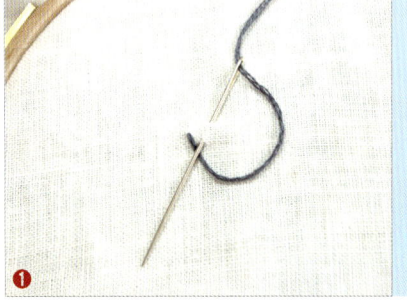

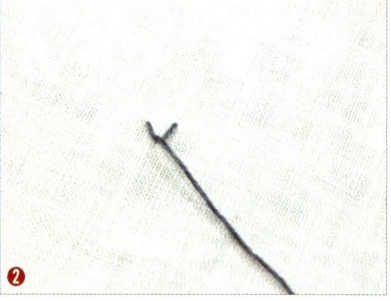

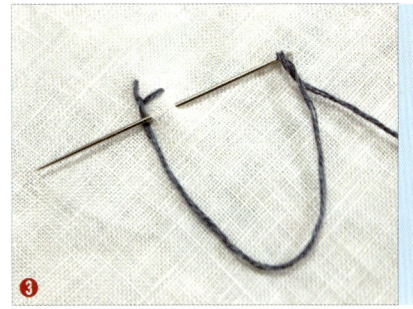

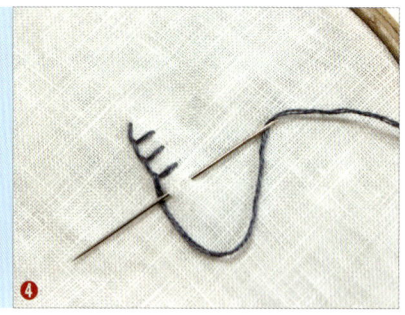

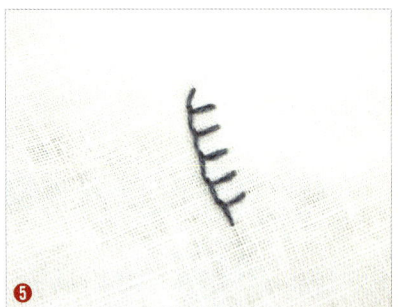

❶ 왼쪽에서 오른쪽으로 진행하되 시작점과
90도 각도가 되는 지점으로 바늘땀을 떠준
다.

❷ 천의 가장자리에 사용할 때도 같은 방법으
로 시작한다.

❸ 처음 땀의 길이와 같게 다음 땀을 만들어
간다.

❹ 직각이 되게 땀을 떠주어야 반듯한 모양이
된다.

❺ 블랭킷 스티치에서는 일정한 간격을 만들
어가는 것이 중요하다.

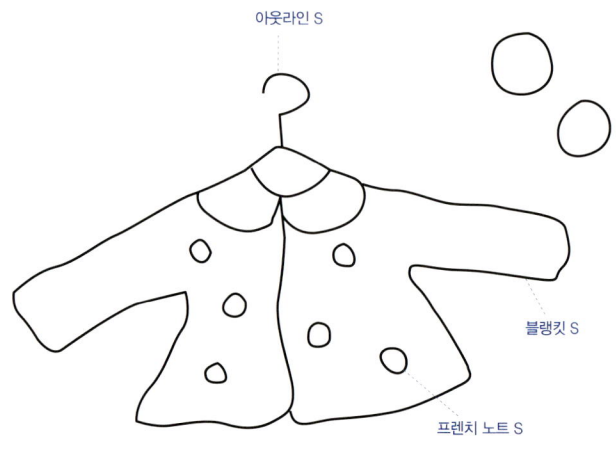

아웃라인 S

블랭킷 S

프렌치 노트 S

* 25번 면사

백 스티치

뒤의 바늘땀을 먼저 만들고 앞으로 떠가는 스티치이다. 온박음질과 같은 방법으로 심플한 라인을 표현하기에 효과적이다.

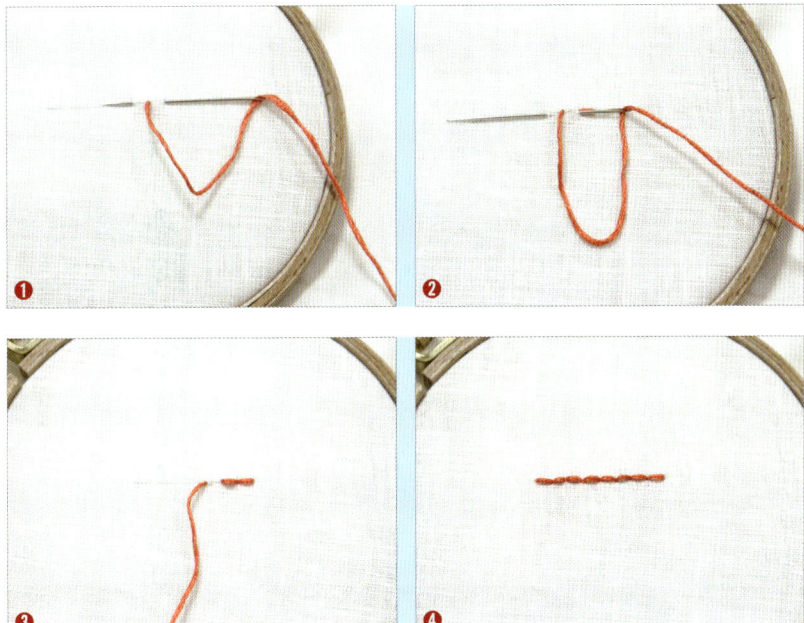

❶ 왼쪽에서 오른쪽으로 바늘을 넣어 뒤의 땀을 먼저 만들어준 후 일정한 길이만큼 앞의 땀을 떠준다.

❷ 뒤에서 앞으로 진행하며 이때 땀의 길이는 일정해야 한다.

❸ 땀과 땀 사이의 간격이 떨어지지 않게 바늘땀을 붙여가며 만들어주어야 한다.

❹ 마지막 땀의 앞에서 뒤로, 뒤의 땀과 붙여 마무리하며 가느다란 선을 표현하는 기법으로 인체의 부드러운 라인이나 글씨를 표현하기에 좋다.

백 S

* 25번 면사

번들 스티치

'다발로 묶다'라는 뜻의 스티치 기법으로 캔버스워크에 주로 이용된다. 스트레이트 스티치를 반복하여 여러 개의 선을 만든 후 하나로 묶어주거나 교차하여 묶어 중심을 고정해주는 방법으로 심플한 리본을 표현하기에 좋다.

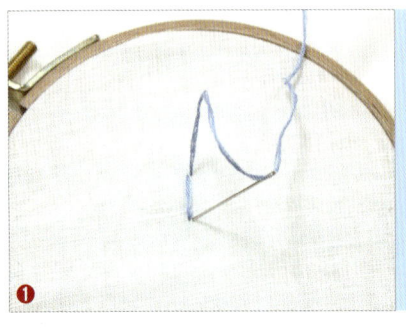

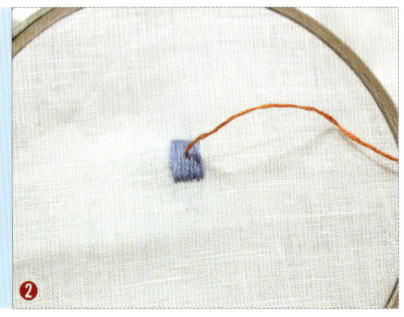

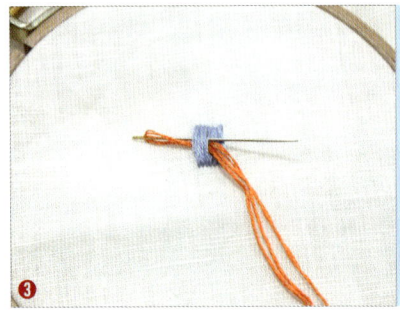

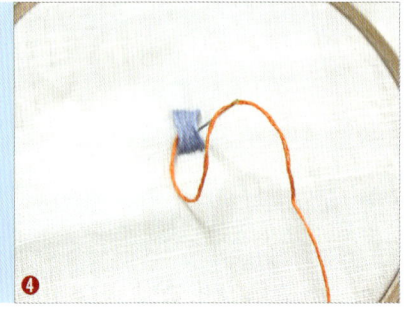

❶ 스트레이트 스티치처럼 일정한 길이로 바늘땀을 나란히 만들어준다.

❷ 원하는 넓이만큼 만든 후 가운데로 바늘을 빼준다.

❸ 묶음을 만들기 위해 바늘을 아래로 통과시킨다.

❹ 한 바퀴를 감아 묶음을 엮은 후 다시 나왔던 가운데 점으로 들어간다.

❺ 바늘땀의 길이가 일정해야 하며 이때 넓이감이 있어야 가운데 점을 묶은 모양이 볼륨 있고 안정적이다.

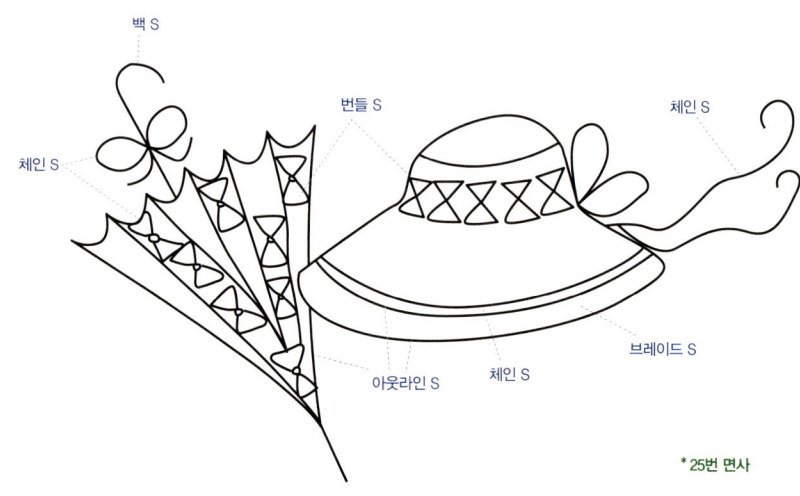

백 S
번들 S
체인 S
체인 S
아웃라인 S
체인 S
브레이드 S

* 25번 면사

새틴 스티치

면을 채우는 방법으로 사용되는 대표적인 스티치 기법이다. 자수실을 평행이 되게 각도를 따라 나란히 놓아가는 기법으로 입체적인 표현에서는 먼저 러닝 스티치나 스트레이트 스티치로 밑면을 채운 후 형태를 따라 감싸는 기법이다.

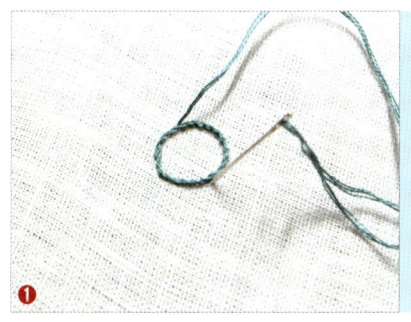
❶

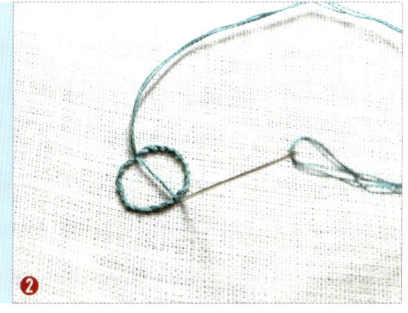
❷

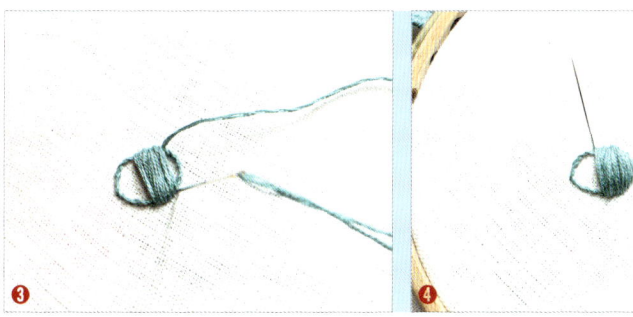
❸ ❹

❺

❶ 먼저 새틴 스티치의 볼륨감을 살리기 위해 윤곽선을 따라 아웃라인 스티치를 놓은 후 반으로 나누어 기준선을 만들어준다.

❷ 기준선의 각도를 따라 감싸가는 방법이다.

❸ 기준선을 따라 중심에서 가장자리로 절반을 먼저 메워간다.

❹ 중심에서 나머지 절반을 감싸듯 메워간다.

❺ 이때 실이 각도에 따라 수평이 되게 가지런히 수를 놓아가는 것이 중요하다.

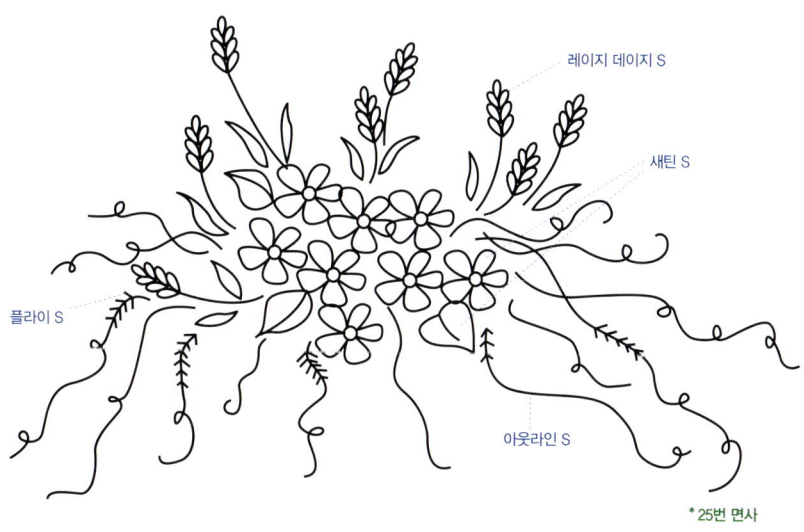

레이지 데이지 S

새틴 S

플라이 S

아웃라인 S

* 25번 면사

025

지그재그 체인 스티치

체인 스티치를 지그재그 모양으로 각도를 살려 표현하는 스티치이다. 지그재그로 겹쳐지는 모양을 반복하며 면을 채울 때 사용한다. 거친 질감을 표현하기에 효과적이다.

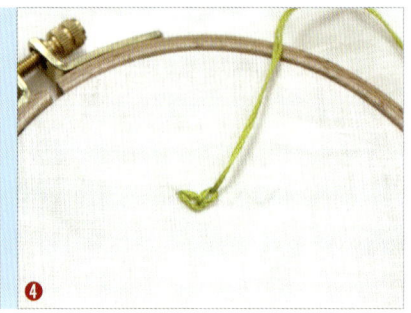

❶ 지그재그 각도를 따라 사선으로 체인 스티치를 시작한다.

❷ 사선으로 아래 방향의 체인 스티치가 완성된다.

❸ 지그재그로 각도를 만들며 사선으로 위를 향하는 체인 스티치를 만들어 지그재그 체인 스티치를 진행한다.

❹ 이때 스티치의 길이는 같아야 한다.

❺ 지그재그 체인 스티치에서는 뚜렷하게 각도를 맞춰주는 것이 가장 중요하다.

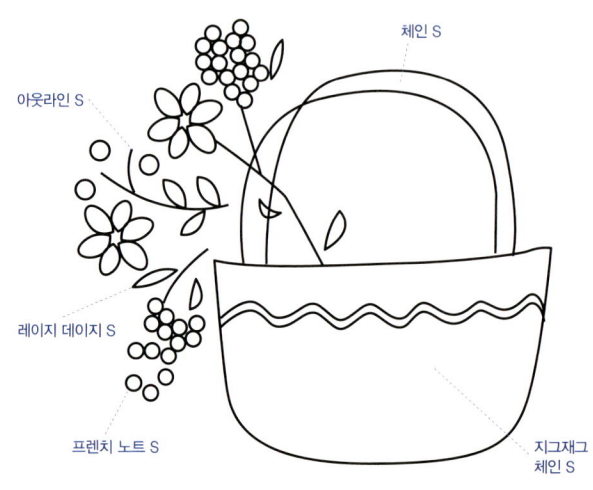

아웃라인 S

체인 S

레이지 데이지 S

프렌치 노트 S

지그재그
체인 S

*25번 면사

링 스티치

고리 모양을 만들어주는 스티치 기법이다. 고리의 길이만큼 바늘을 꽂아준 후 바늘에 실을 여러 번 감아 위아래로 고정하는 방법으로 입체적인 원형을 표현하기에 좋다.

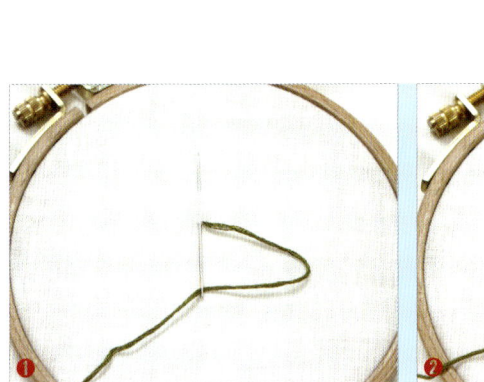

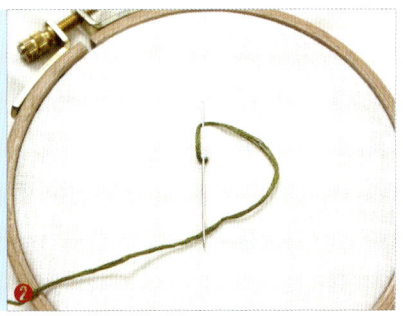

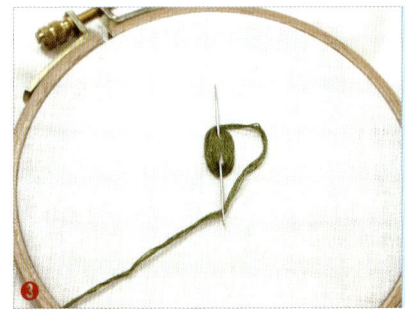

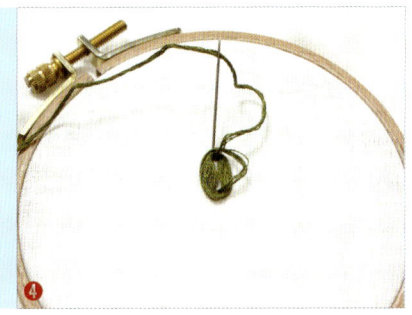

❶ 링의 아래에서 시작하여 왼쪽 바로 옆에 바늘을 넣고 링의 길이만큼 바늘땀을 꽂는다.

❷ 시계 방향으로 감아 링을 만들어나간다.

❸ 원하는 크기만큼 감아준 후 오른쪽에 실의 여유를 남긴다.

❹ 엄지로 링 모양을 누른 채 바늘을 빼내어 전체를 걸어서 위의 땀을 마무리해준다.

❺ 감겨진 링의 아래 부분에서 바늘을 빼준다. 이때 여유롭게 남겨 놓은 오른쪽 반원을 잘 유지해야 한다.

❻ 오른쪽 반원을 아래에서 위로 통과시킨다.

❼ 통과한 마지막 고리를 걸어 감긴 링의 아래 부분에 바늘이 나온 점으로 바늘을 넣어 마무리짓는다.

❽ 링 스티치에서는 시작점 왼쪽에 바늘을 넣어 땀을 잡아주는 과정이 중요하다. 왼쪽으로 바늘땀을 넣어 반드시 시계 방향으로 감아주어야 바른 링 스티치가 만들어진다.

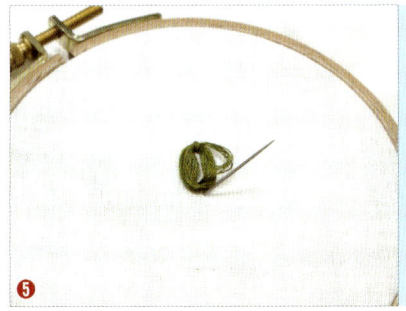

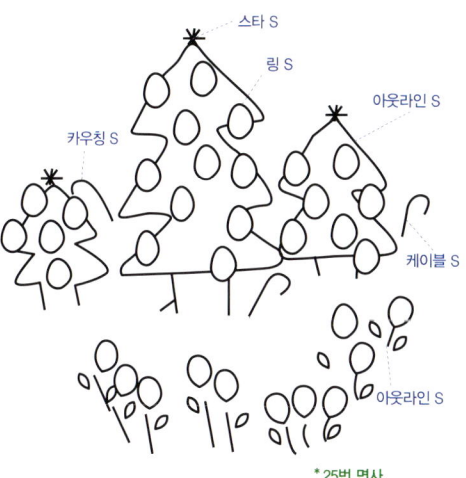

스타 S
링 S
아웃라인 S
카우칭 S
케이블 S
아웃라인 S

* 25번 면사

립드 스파이더 웹 스티치

거미줄 모양의 스파이더 웹 스티치의 응용 기법으로 8개의 선으로 방사형 모양을 만든 후 시계 방향으로 하나씩 감아가는 방법을 반복하며 거미줄 형태를 만든다. 8개 선의 길이가 모두 같아야 반듯한 거미줄 모양을 만들 수 있다.

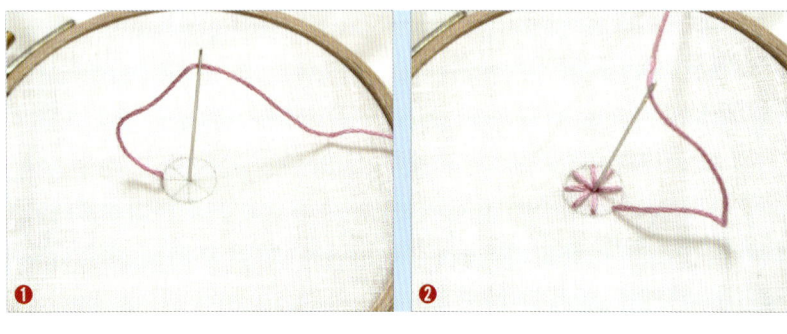

❶

❷

❶ 원의 라인에서 중심으로 바늘을 꽂아 스트레이트 스티치(심지)를 만든다.

❷ 같은 길이의 심지를 8개 만든다.

❸ 중심 가까이에서 바늘을 빼준다.

❹ 심지 아래로 바늘을 넣어 하나씩 감아나간다.

❺ 다음 심지 아래에 바늘을 넣는다.

❻ 8개의 심지를 시계 방향으로 하나씩 감아가며 스티치를 만든다.

❼ 심지의 끝부분까지 감아준다. 이때 8개의 심지의 길이가 모두 같아야 한다.

❸

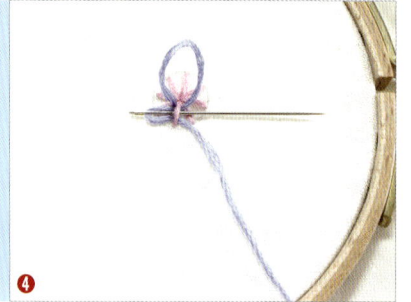

❹

❺

❻

❼

체인 S

립드 스파이더 웹 S

체인 S

아웃라인 S

레이지 데이지 S

* 25번 면사

롱 앤 숏 스티치

효과적인 면 채우기 기법으로 길이기 긴 선과 짧은 선을 교대로 반복해서 면을 채우며 새틴 스티치와 구별되어 쓰인다. 컬러의 그라데이션 표현으로 깊이감 있는 면의 구성이 가능하다.

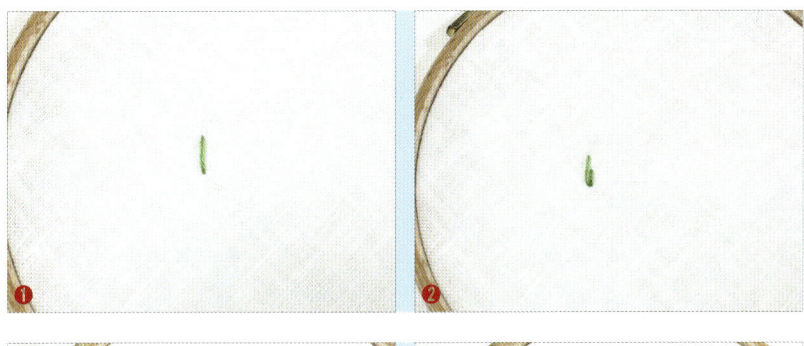

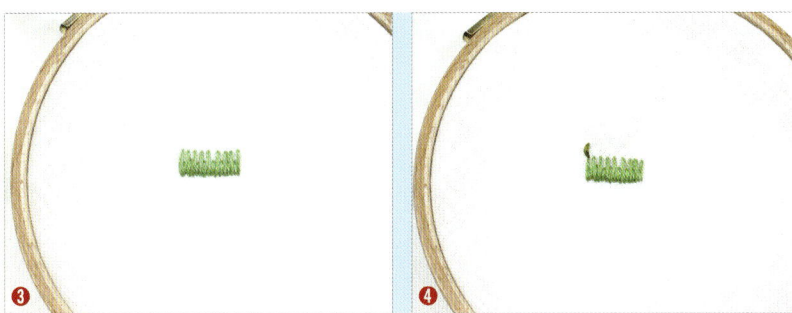

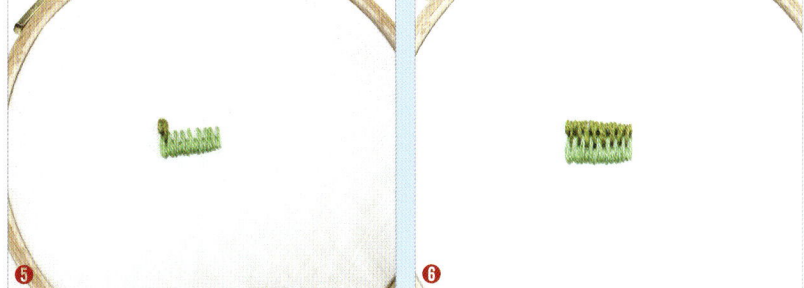

❶ 긴 스트레이트 스티치(롱)를 먼저 놓는다.

❷ 롱 옆에 간격이 생기지 않도록 짧은 스트레이트 스티치(숏)를 놓는다.

❸ 롱과 숏을 반복하며 면을 채워준다.

❹ 다음 시작은 롱과 숏이 만나도록 롱 위에 숏을 놓는다.

❺ 숏 위에는 롱을 놓아간다.

❻ 롱과 숏을 반복하며 촘촘하게 면을 채워가는 것이 중요하다.

롱 앤 숏 S

아웃라인 S

카우치트 트렐리스 S

*25번 면사

램블러 로즈 스티치

'덩굴장미'라는 뜻으로 프랑스 자수에서 장미를 표현하는 가장 기초적인 스티치이다. 중심을 먼저 놓은 후 나선형으로 바늘땀을 늘려가며 장미 꽃잎을 만들어가는 방법이다.

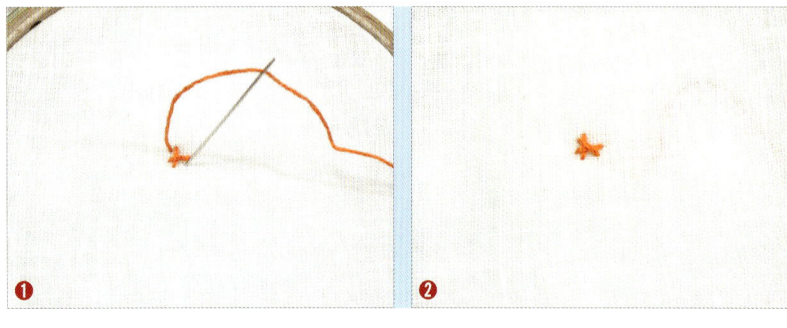

❶ 3개의 선을 삼각의 나선형으로 만든다.

❷ 삼각형의 꽃수술이 만들어진다.

❸ 삼각형을 감싸가며 나선형으로 꽃잎을 만들어간다.

❹ 다각형으로 크기가 점점 커져야 한다.

❺ 촘촘하게 선을 늘려가는 것이 중요하다.

❻ 원하는 크기가 될 때까지 선을 겹쳐 덩굴 장미 모양을 만든다.

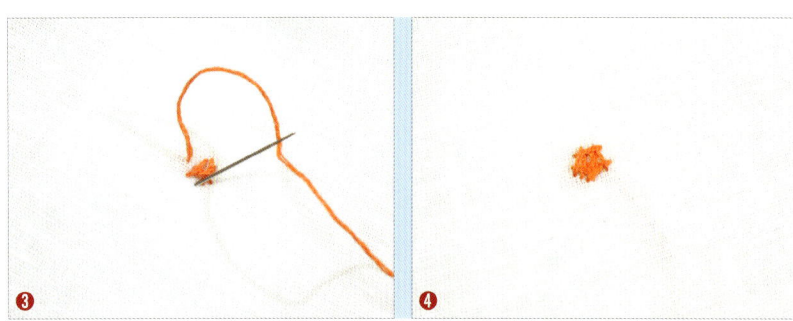

아웃라인 S

램블러 로즈 S

레이지 데이지 S

* 25번 면사

코럴 스티치

'산호'를 뜻하는 스티치이다. 입체적인 선을 표현하는 기법으로 이용된다. 선을 중심으로 삼각형 모양으로 땀을 3개 떠준 후 바늘에 실을 한 번 감아 매듭을 지으며 수를 놓는다.

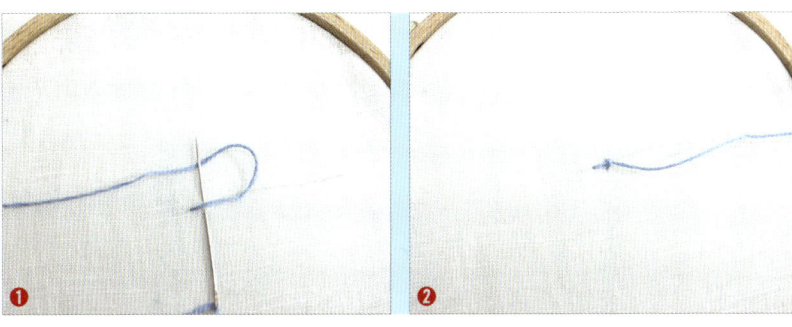

❶ 시작점에서 오른쪽으로 선 위에 실을 놓고 아래에서 위를 향해 바늘땀을 잡는다.

❷ 바늘을 그대로 빼내면 매듭이 지어진다.

❸ 매듭이 지어지는 간격이 일정하도록 다음 바늘땀을 잡는다.

❹ 선을 중심으로 땀의 위아래 간격이 같아야 한다.

❺ 매듭의 형태를 만들 때는 힘 조절을 해주어 매듭이 당겨지지 않도록 주의한다.

❻ 매듭의 삼각형 꼭짓점 부분이 선의 중앙에 놓이도록 해준다.

❼ 매듭의 길이와 간격을 일정하게 만들어가는 것이 코럴 스티치의 포인트이다.

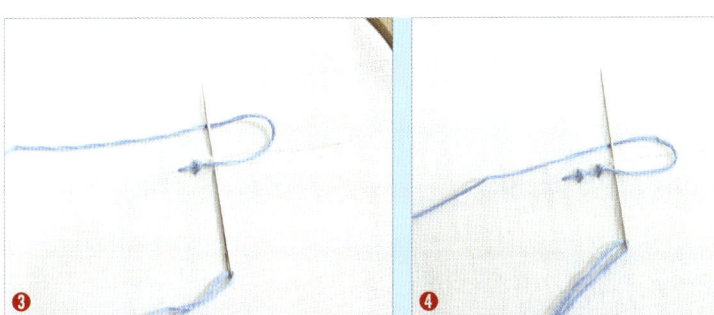

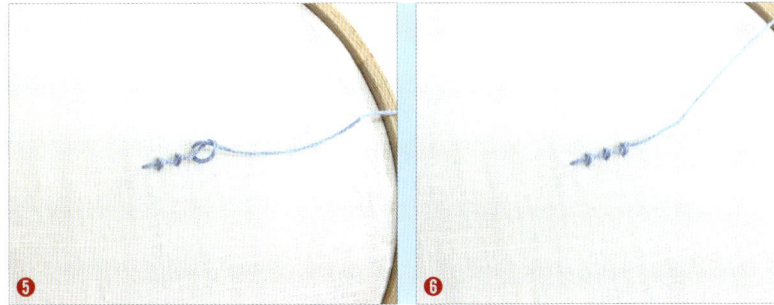

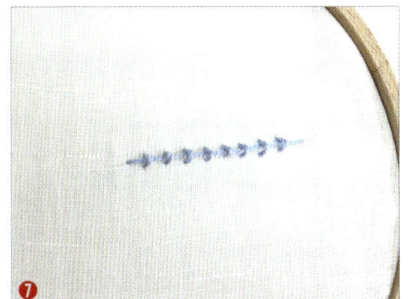

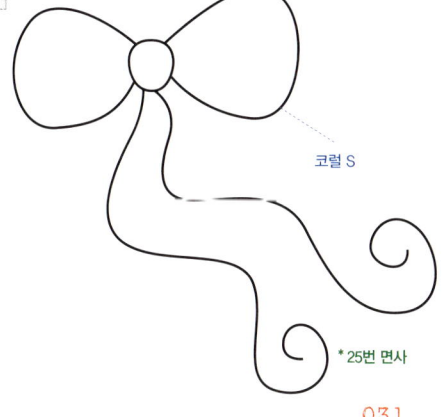

코럴 S

* 25번 면사

크레탄 스티치

'크레타섬'이란 뜻을 가진 스티치이다. 페더 스티치의 응용 기법으로 페더 스티치를 반복하며 선, 면을 채우거나 나뭇잎을 표현할 때 사용한다.

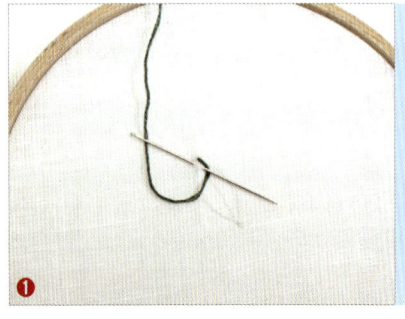
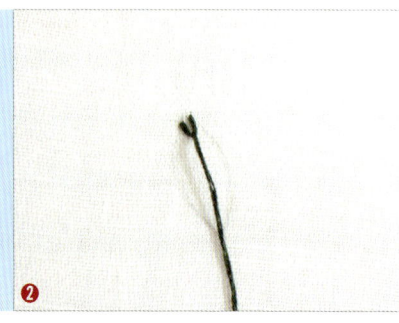
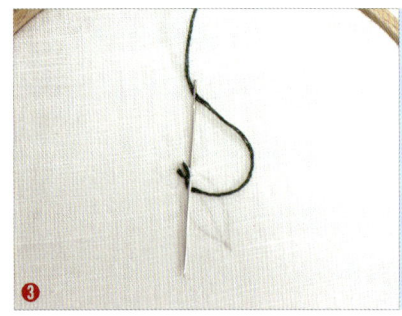
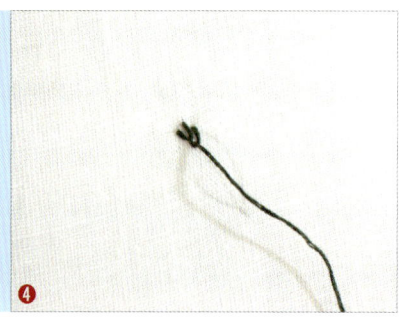

❶ 시작점의 바로 왼쪽에서 간격을 좁게 하여 페더 스티치와 같은 방법으로 바늘땀을 잡는다.

❷ 페더 스티치와 같은 모양이 이루어진다.

❸ 오른쪽에서 간격을 좁게 하여 페더 스티치와 같은 방법으로 바늘땀을 잡는다.

❹ 스티치의 간격을 일정하게 수놓는 것이 중요하다.

❺ 형태를 따라 중심축 양쪽으로 같은 간격을 유지하며 수를 놓아간다.

❻ 양쪽 스티치의 간격이 일정하도록 형태를 만들어가되, 나뭇잎을 표현할 때는 간격을 촘촘히 해야 효과적이다.

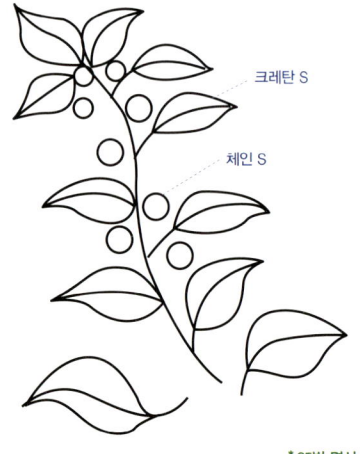

크레탄 S

체인 S

* 25번 면사

브레이드 스티치

'실을 꼬아 만든 상식용 수술'이란 뜻으로 샤넬의 수드 자켓 테두리에 주로 장식하는 기법이어서 샤넬 기법이라고 말하기도 한다. 바늘에 실을 감아가며 폭이 넓은 선을 표현하기에 좋은 기법이다.

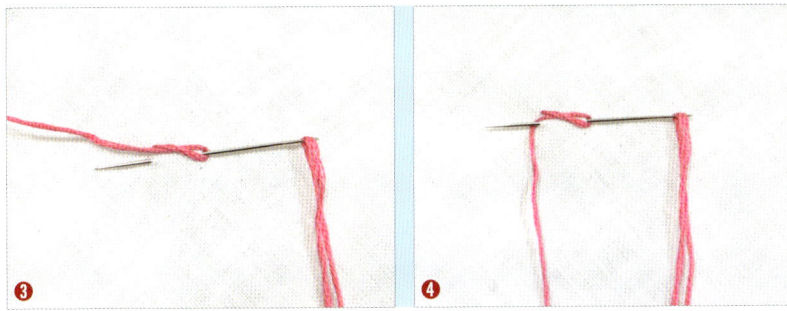

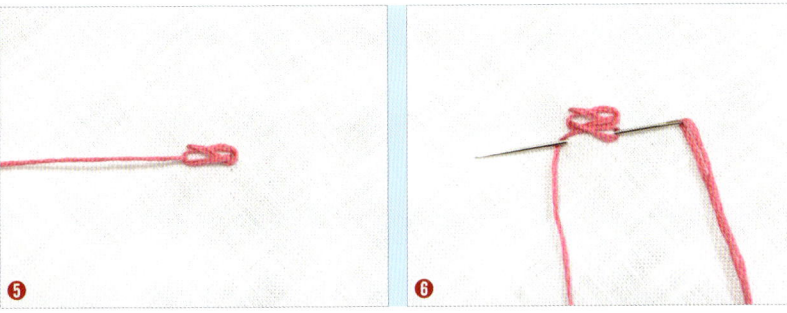

❶ 시작점에서 바늘을 뺀 뒤 실 아래에 바늘을 놓고 한 바퀴 감아준다.

❷ 시작점 오른쪽에 바늘을 꽂는다.

❸ 왼쪽 사선으로 바늘을 넣어준다.

❹ 실의 끝부분을 바늘에 걸어준다.

❺ 그대로 바늘을 통과시키면 하나의 브레이드 스티치가 완성된다.(이때 완성된 스티치를 천에 밀착시켜주어야 들뜨지 않고 고정된다.)

❻ 일정한 간격의 바늘땀을 만들어간다.

❼ 고리 모양이 일정하도록 당기는 정도를 조절해가는 것이 중요하다.

❽ 고리를 걸어 작은 땀으로 마무리짓는다.

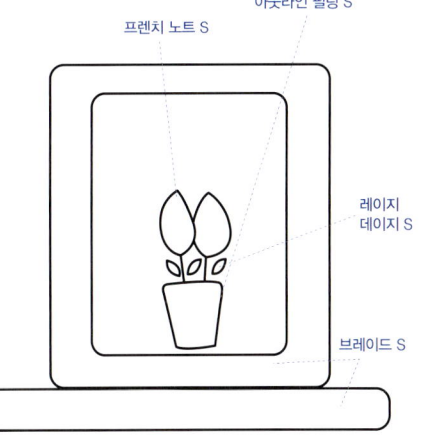

프렌치 노트 S

아웃라인 필링 S

레이지 데이지 S

브레이드 S

카우치트 트렐리스 스티치

'격자로 된 울타리'를 뜻하는 기법이다. 북유럽 자수에서 면을 채우는 기법으로 다양하게 응용되고 있다. 실을 가로 세로 모양의 격자로 놓는 트렐리스 스티치와 수를 놓고 작은 스티치로 묶는 카우칭 스티치가 만난 기법이다.

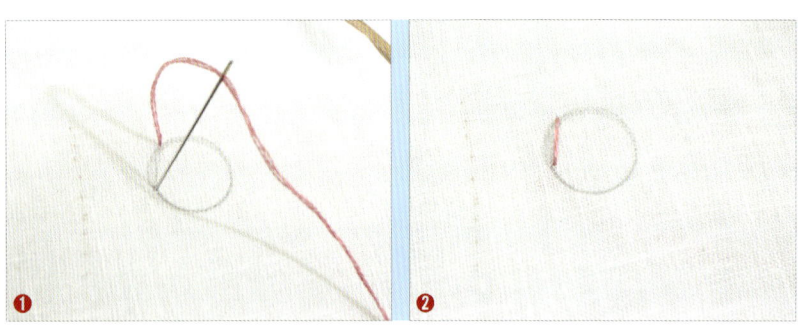

❶ 시작점에서 세로 방향으로 바늘땀을 넣어 준다.

❷ 세로의 스트레이트 스티치가 만들어진다.

❸ 형태를 따라 일정한 간격으로 세로의 스트레이트 스티치를 놓는다.

❹ 가로 방향으로 서로 수직이 되게 바늘땀을 넣어준다.

* 25번 면사

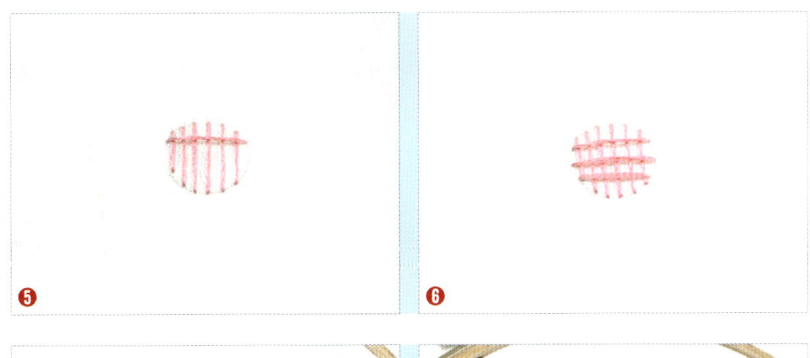

❺ 가로의 스트레이트 스티치가 만들어진다.

❻ 일정한 간격의 가로 스트레이트 스티치를 넣어 바둑판 모양의 형태를 완성한다.

❼ 교차점에 작은 카우칭 스티치로 땀을 넣어 준다.

❽ 'X' 모양의 작은 땀으로 고정해간다.

❾ 교차하는 부분에 같은 방법으로 땀을 만들 어간다.

❿ 카우치트 트렐리스 스티치는 면을 감각적 으로 표현하기에 효과적이다.

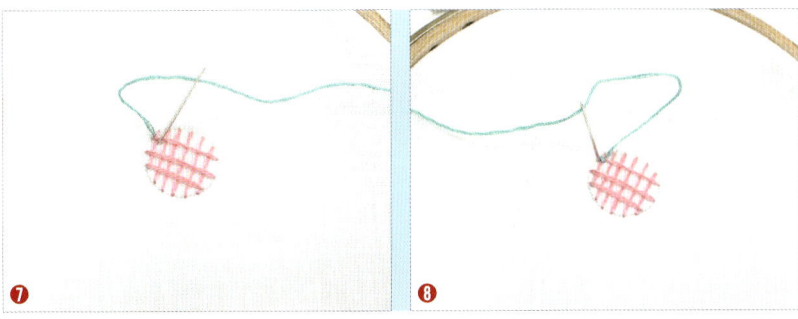

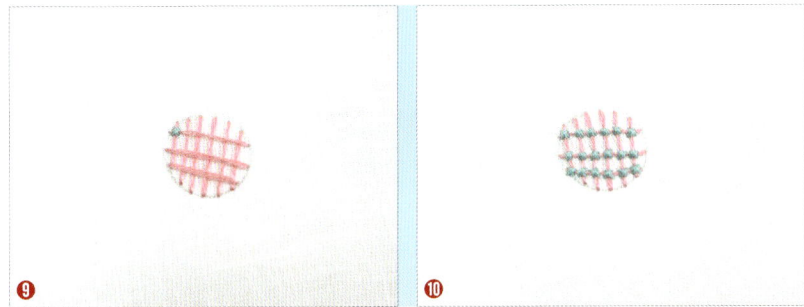

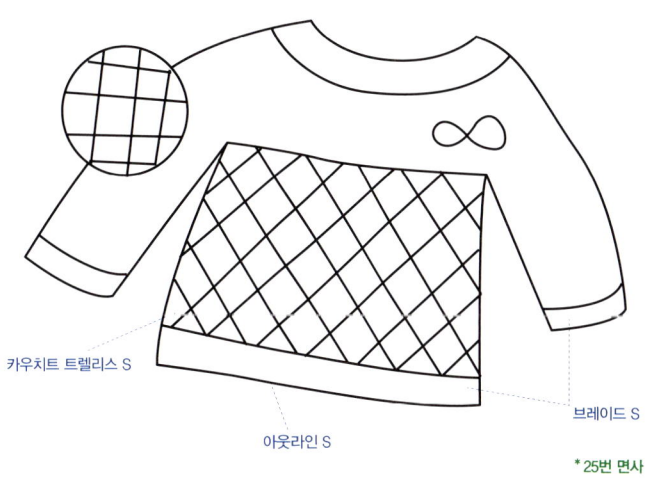

카우치트 트렐리스 S

아웃라인 S

브레이드 S

* 25번 면사

블리온 로즈 스티치

입체적인 장미를 표현하는 기법으로 바늘에 실을 휘감아 입체적인 선을 만든 후 램블러 로즈 스티치와 같은 방법으로 감싸가며 꽃잎을 표현한다. 입체감을 주기 위해서 굵은 실을 사용하는 것이 효과적이다.

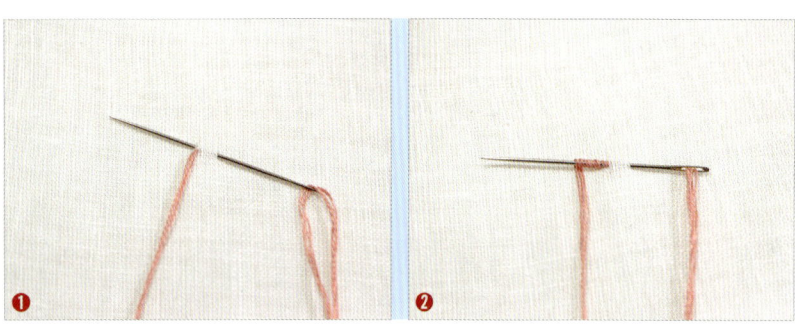

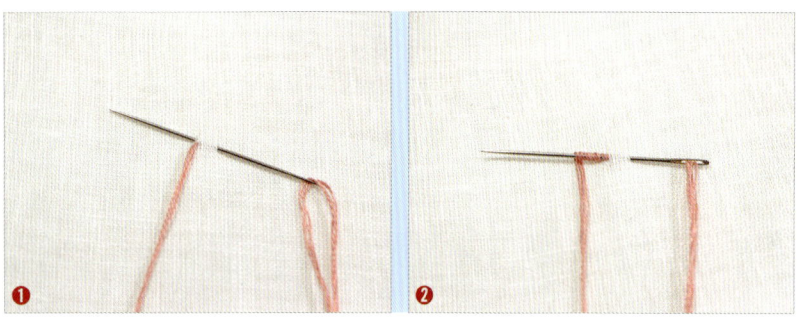

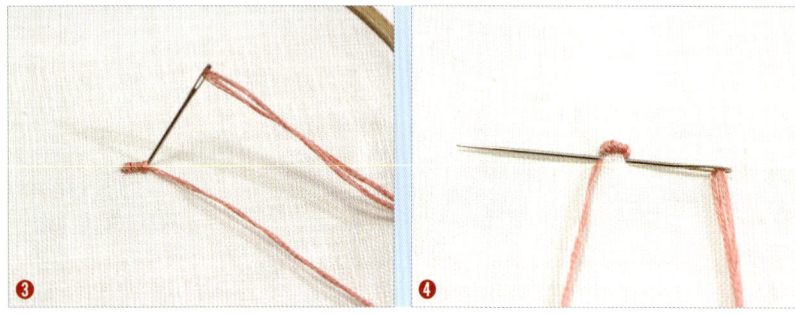

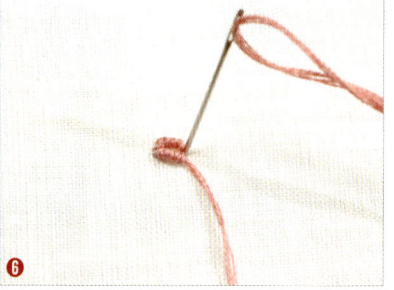

❶ 중심이 되는 꽃잎의 길이만큼 땀을 떠준 후 다시 시작점 옆에 바늘을 꽂는다.

❷ 바늘땀의 길이보다 한두 땀 정도 길게 나선형으로 실을 감아준다.(바늘땀보다 길게 감아주어야 입체감이 생긴다.)

❸ 바늘에서 실을 빼내어 바늘땀이 나온 점으로 들어가 마무리지어준다.

❹ 중심이 되는 꽃잎의 길이만큼 바늘땀을 떠준다.

❺ 2와 같은 방법으로 실을 감아준다.

❻ 3과 같은 방법으로 마무리해준다.

* 25번 면사

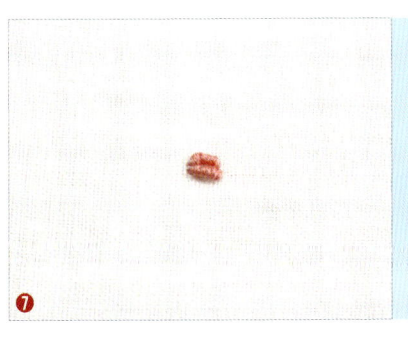

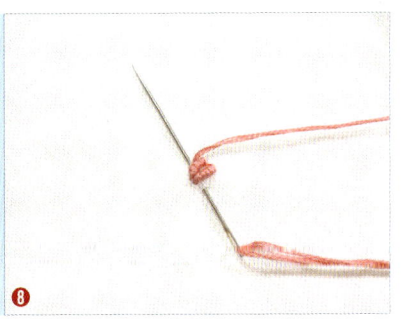

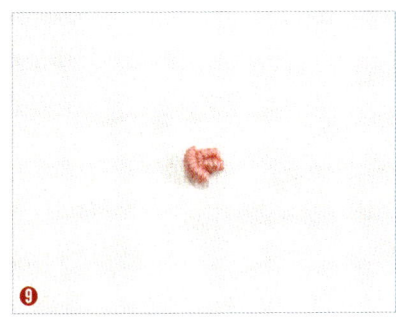

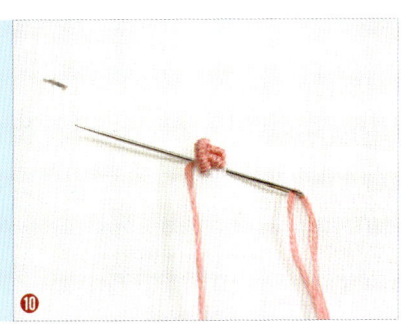

❼ 꽃의 중심이 완성된다.

❽ 램블러 로즈 스티치와 같은 방법으로 중심을 감싸는 꽃잎의 바늘땀을 만든다.

❾ 꽃잎이 하나 완성된다.

❿ 다음 꽃잎의 바늘땀을 사선이 되게 만들어 꽂는다.

⓫ 간격을 촘촘하게 두고 감싸며 모양을 만들어간다.

⓬ 감싸는 꽃잎의 길이가 일정해야 완성도가 높다.

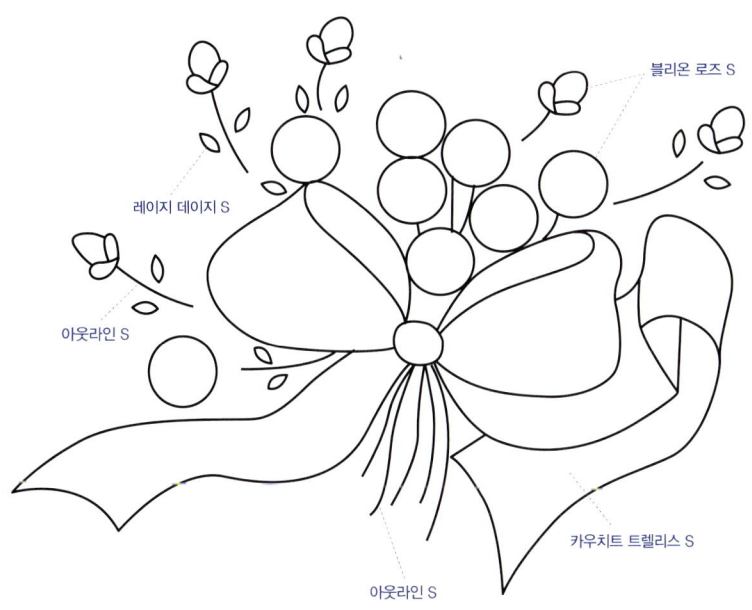

블리온 로즈 S

레이지 데이지 S

아웃라인 S

아웃라인 S

카우치트 트렐리스 S

* 25번 면사

캐스트 온 스티치

'바늘에 코를 만들다'라는 뜻으로 뜨개질을 시작하듯이 바늘에 뜨개코를 만든 후 블리온 로즈와 같은 방법으로 꽃잎을 만들어가는 입체 자수 기법이다.

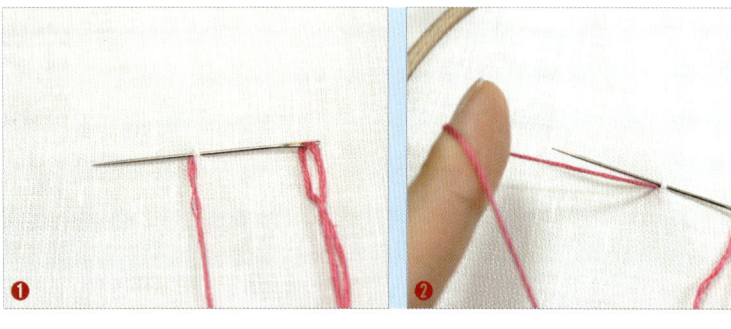

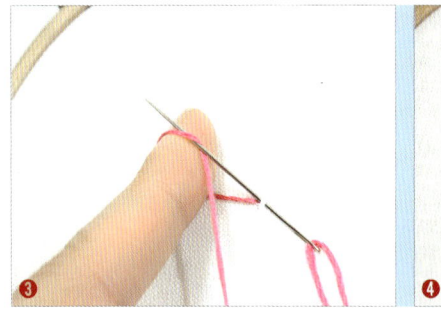

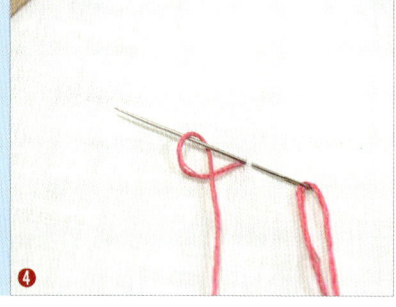

❶ 시작점에서 가깝게 작은 땀을 떠준다.

❷ 검지에 실을 걸어준다.

❸ 대바늘뜨기의 뜨개코를 만드는 방법과 동일하게 바늘을 걸어준다.

❹ 뜨개코를 만들어간다.

❺ 실을 바늘에 감아서 천에 밀착시켜준다.

❻ 원하는 길이만큼 감아 뜨개코를 만들어준다.(처음 시작은 9~12개 정도가 적당하다.)

❼ 바늘에서 빼준 길이만큼 아랫부분에 실이 늘어진다.

❽ 늘어진 실을 가운데로 당겨주면 링 모양이 만들어진다.

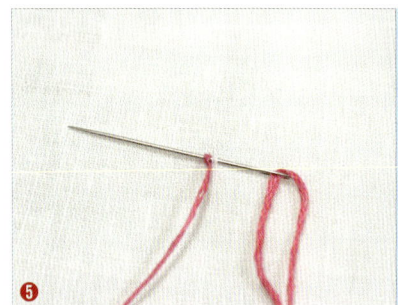

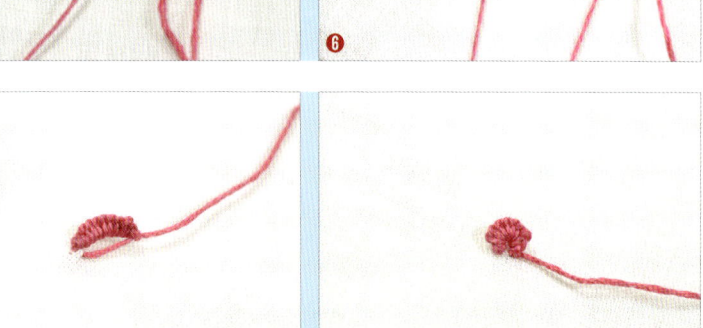

* 25번 면사

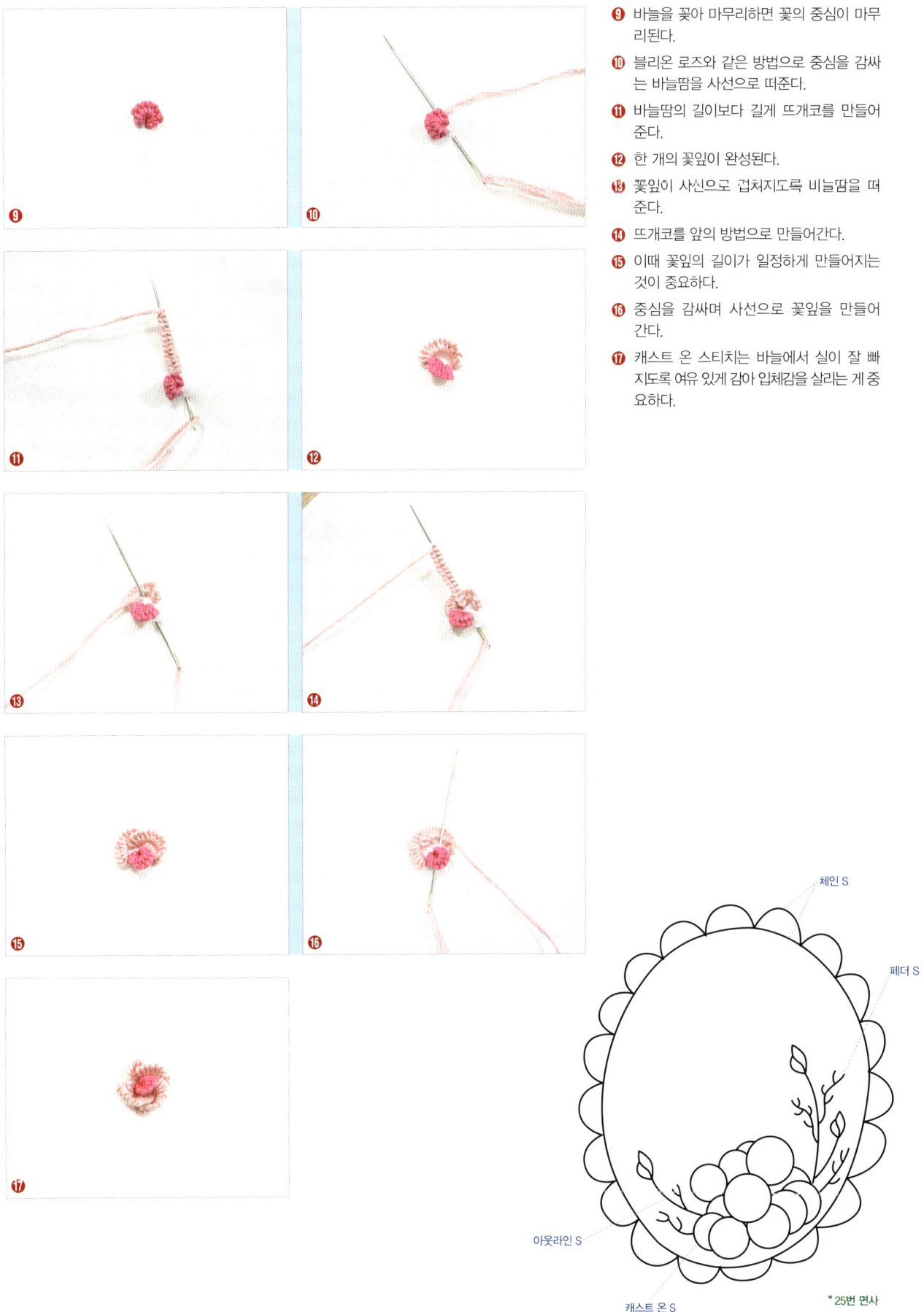

⑨ 바늘을 꽂아 마무리하면 꽃의 중심이 마무리된다.

⑩ 블리온 로즈와 같은 방법으로 중심을 감싸는 바늘땀을 사선으로 떠준다.

⑪ 바늘땀의 길이보다 길게 뜨개코를 만들어준다.

⑫ 한 개의 꽃잎이 완성된다.

⑬ 꽃잎이 사신으로 겹쳐지도록 비늘땀을 떠준다.

⑭ 뜨개코를 앞의 방법으로 만들어간다.

⑮ 이때 꽃잎의 길이가 일정하게 만들어지는 것이 중요하다.

⑯ 중심을 감싸며 사선으로 꽃잎을 만들어간다.

⑰ 캐스트 온 스티치는 바늘에서 실이 잘 빠지도록 여유 있게 감아 입체감을 살리는 게 중요하다.

체인 S

페더 S

아웃라인 S

캐스트 온 S

* 25번 면사

페탈 스티치

꽃잎을 표현하는 기법을 말하며 프랑스 자수에서는 petal이라 표현하는 여러 가지의 기법들이 있다. 레이지 데이지 스티치를 놓은 후 여러 개의 링을 만들어 하나로 연결해 입체적인 꽃잎을 만들어주는 스티치이다.

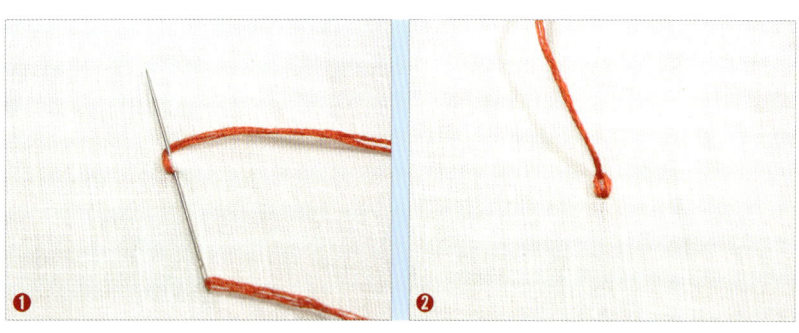

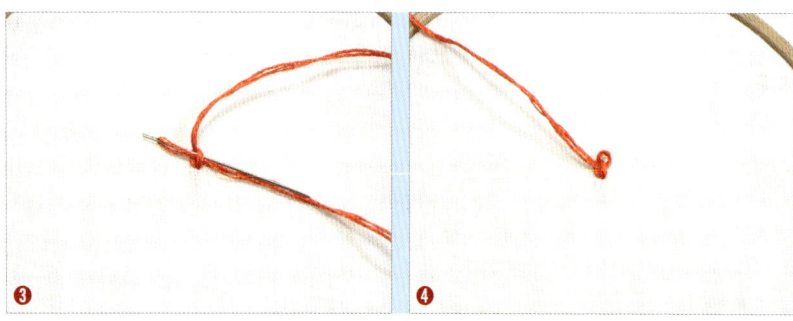

❶ 레이지 데이지 스티치와 같은 방법으로 땀을 떠준다.

❷ 고리 모양이 완성된다.

❸ 고리에 바늘을 감아 작은 고리를 하나 만든다.

❹ 같은 방법으로 작은 고리를 만들어간다.

❺ 4개의 고리를 만든다.(작은 고리의 수가 많을수록 입체적인 모양이 된다.)

❻ 작은 고리에 바늘을 끼워 넣는다.

* 25번 면사

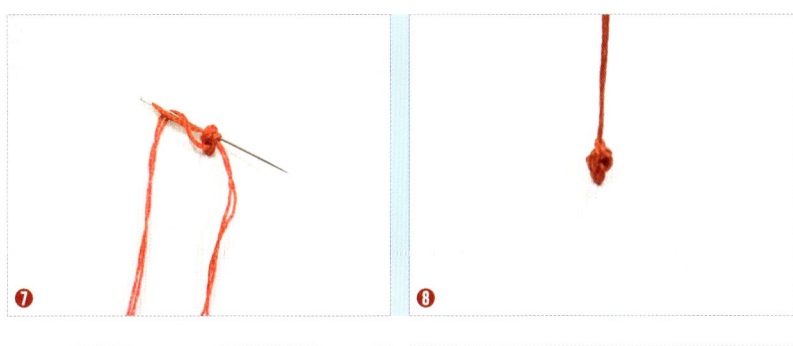

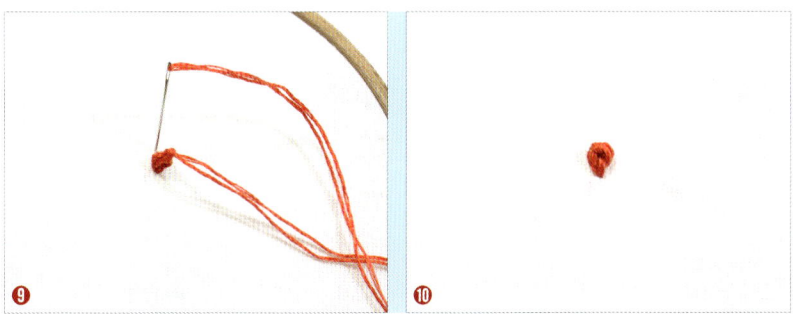

❼ 바늘에 실을 한 번 감아준다.

❽ 바늘을 빼면 하나의 입체적인 꽃잎이 만들어진다.

❾ 바늘을 넣어 마무리한다.

❿ 페탈 스티치가 완성된다.

⓫ 입체적인 꽃잎을 만들거나 면을 채우기에 효과적이다.

카우칭 S

페탈 S

아웃라인 S

페더 S

프렌치 노트 S

아웃라인 S

레이지 데이지 S

* 25번 면사

스파이더 웹 로즈 스티치

거미줄 모양의 선 위에 실을 교차하여 장미꽃을 표현하는 스티치이다. 홀수의 선을 거미줄 모양으로 수놓은 후 선을 교차해가며 엮어가는 방법으로 기본선을 5개나 7개로 하고 교차하는 실의 당기는 정도에 따라 입체감 표현을 다양하게 할 수 있다.

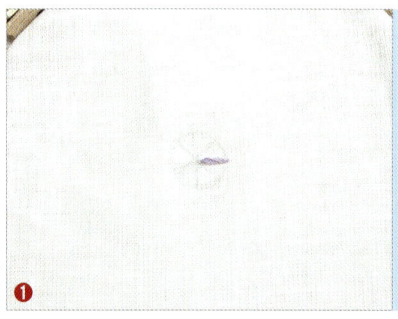
❶

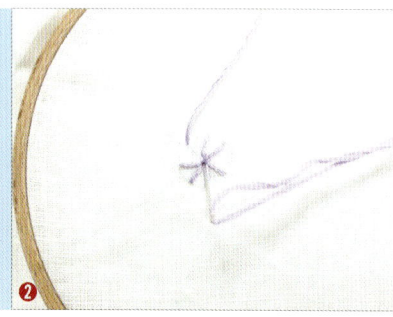
❷

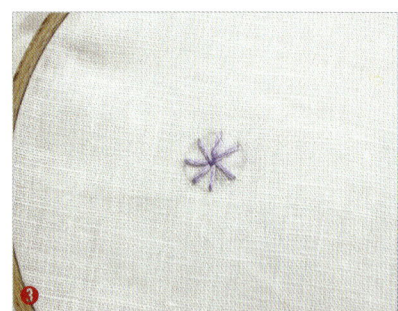
❸

❹

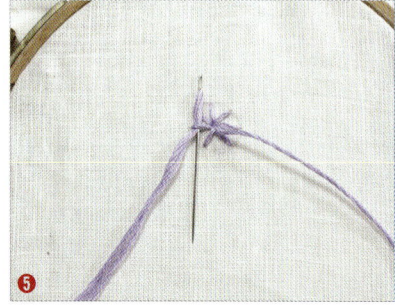
❺

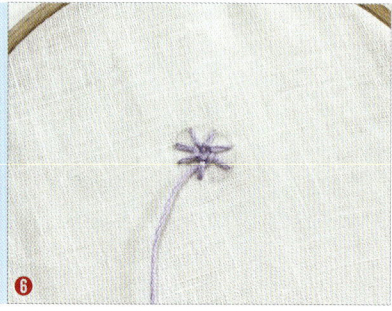
❻

❼

❶ 원의 중심에 스트레이트 스티치를 만든다.

❷ 이때 스트레이트 스티치의 길이는 모두 같아야 한다.

❸ 홀수로 7개의 선을 만들어준다.(5개나 7개가 적당하다.)

❹ 중심 가까이에서 바늘을 빼준다.

❺ 선의 위아래를 교차하여 바늘을 넣어준다.

❻ 교차하며 중심에서부터 감아가면 장미가 점점 커진다.

❼ 스트레이트 선 끝까지 감아 완성한다.

스파이더 웹 로즈 S   레이지 데이지 S

* 25번 면사

바스켓 스티치

바구니의 질감을 표현하기에 적합한 스티치로 세로선을 날실처럼 만든 후 가로선을 씨실처럼 엮어가며 바구니를 짜듯이 만들어가는 방법이다. 면을 채우는 기법으로 다양하게 활용된다.

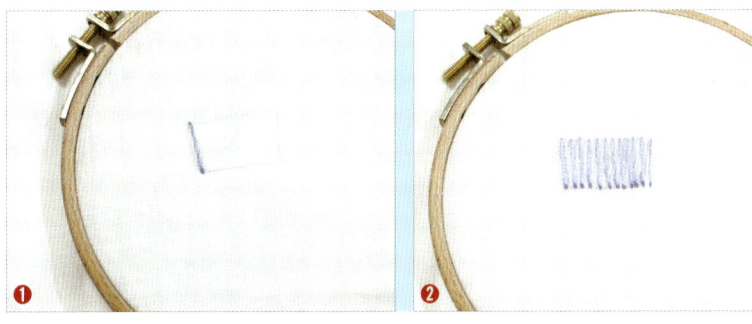

❶ 세로의 스트레이트 스티치를 만든다.

❷ 형태를 따라 날실과 같이 세로의 선으로 면을 채운다.

❸ 시작점의 왼쪽에서 바늘을 뺀다.

❹ 세로선을 위아래로 교차하여 씨실과 같이 가로선을 엮어준다.

❺ 바늘을 꽂아 가로로 엮은 선을 마무리해준다.

❻ 가로로 엮은 실은 당겨지지 않게 위쪽으로만 밀어준다.(날실과 씨실을 엮는 삼베 짜기와 같은 원리이다.)

❼ 바로 밑에서 바늘을 빼서 위의 선과 엇갈리게 교차하여 엮어간다.

❽ 씨실이 되는 가로선이 위의 실과 반대 방향으로 교차되어야 한다. 바스켓의 형태를 따라 세로와 가로를 엮어가는 것이 중요하다.

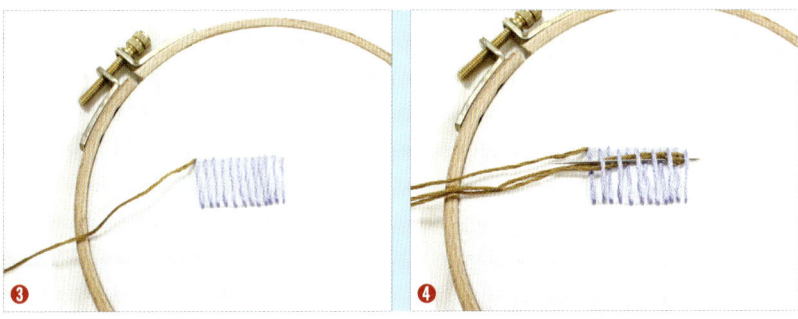

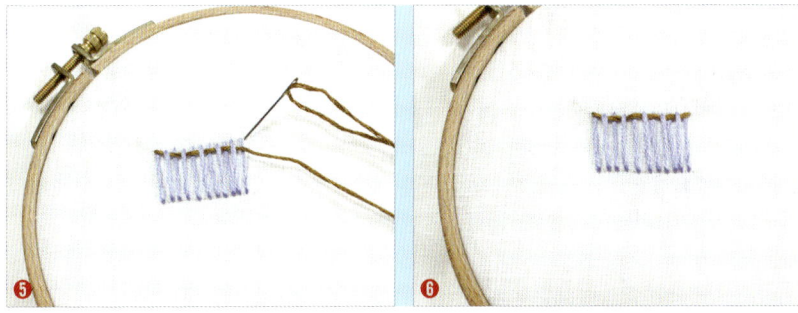

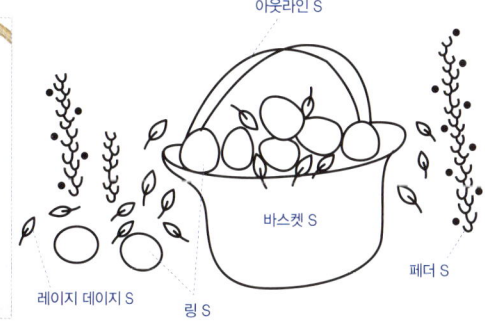

아웃라인 S
바스켓 S
페더 S
레이지 데이지 S
링 S

레이즈드 리프 스티치

꽃잎이나 나뭇잎을 천에서 도톰하게 올라오는 입체로 표현하기에
좋은 스티치이다. 시침핀을 이용해 꽃잎 형태를 만들어준 다음 바스켓 스
티치처럼 실을 교차하여 엮어가며 입체적인 꽃잎을 만들어준다.

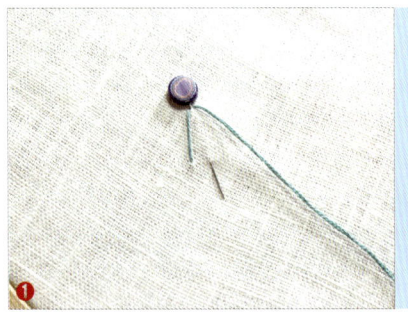

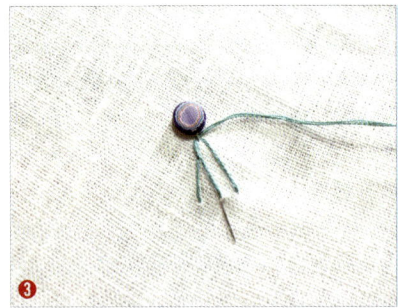
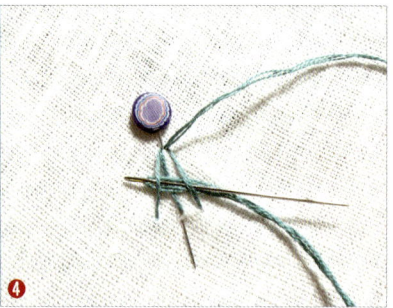

❶ 꽃잎 중앙에 시침핀을 꽂는다.

❷ 꽃잎의 왼쪽 끝에서 바늘을 뺀 뒤 시침핀
에 걸어 꽃잎의 오른쪽 끝으로 바늘을 꽂
아 시침핀이 꽂힌 중심으로 빼낸다.

❸ 중심에서 나온 실을 시침핀에 한 번 더 감
아 꽃잎의 뼈대를 완성한다.(이때 실을 당
겨 바깥쪽 실 안쪽에 오게 안으로 고정시
켜야 꽃잎 끝에 실고리가 생기지 않는다.)

❹ 꽃잎의 테두리 아래로 바늘을 통과시킨다.

❺ 중심선 아래를 통과하며 교차하여 꽃잎을
엮는다.

❻ 끝까지 엮고 나서 시침핀을 빼고 한두 번
더 엮은 후 꽃잎의 중앙에 바늘을 꽂아 마
무리해준다.

아웃라인 S

레이즈드 리프 S　　　*8번 면사

스미르나 스티치

터키의 카페트 기법에서 유래된 기법으로 터키 스티치라고도 한다. 반박음질을 길이감 있게 반복하는 방법으로 카페트처럼 실의 길이를 동일하게 맞춘다. 길이감 있는 실을 가위로 잘라 풍성한 느낌의 입체 꽃을 표현하기도 한다.

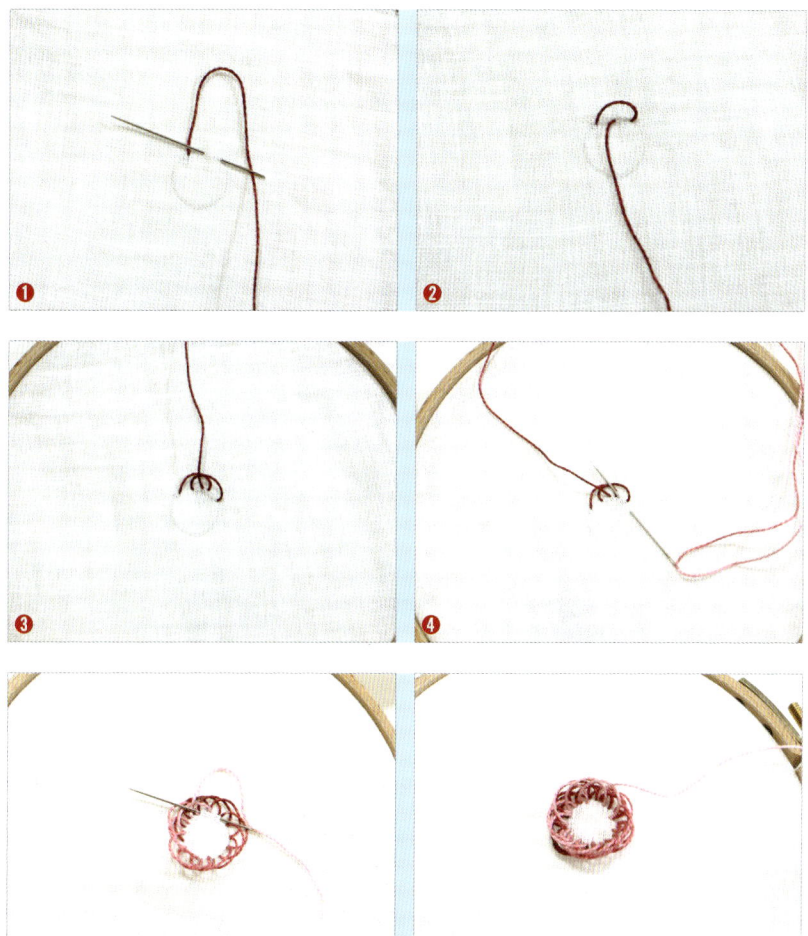

❶ 한 땀의 1/2 지점에서 바늘땀을 떠준다.

❷ 실을 잡아당기지 말고 꽃잎의 길이만큼 반원을 만들면 하나의 꽃잎이 완성된다.

❸ 꽃잎의 폭이 같아지도록 반원의 바늘땀을 떠주되 앞의 땀 안쪽에 바늘이 나오도록 반드시 겹쳐주어야 한다.

❹ 같은 방법으로 다음 땀을 겹쳐지게 만들어 간다.

❺ 원을 따라 한 바퀴를 감아준 뒤 안에서 다시 같은 길이와 폭을 반복하며 바늘땀을 만들어간다.

❻ 두 바퀴를 완성한 후 안으로 작은 원을 만들듯 연결해간다.

❼ 스미르나 스티치는 꽃잎의 길이가 일정해야 올바른 모양이 된다.

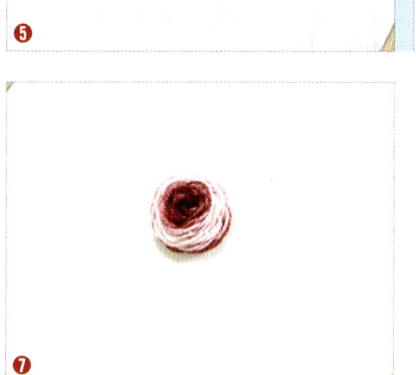

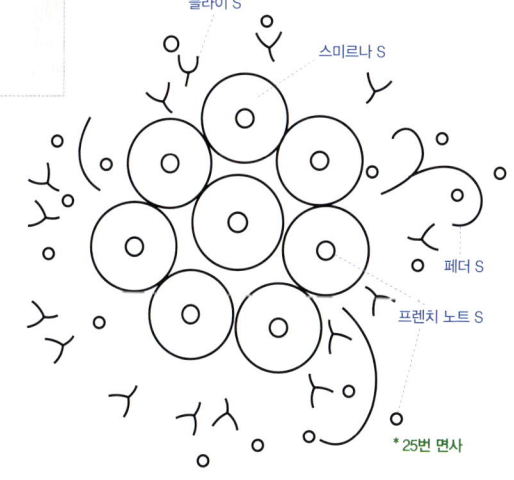

플라이 S
스미르나 S
페더 S
프렌치 노트 S
* 25번 면사

케이블 스티치

'굵을 밧줄'을 뜻한다. 저면 노트 스티치를 반복하여 입체적인 매듭 모양을 표현해주는 기법으로 매듭을 연결해 이니셜 등의 선을 표현하는 데 사용한다.

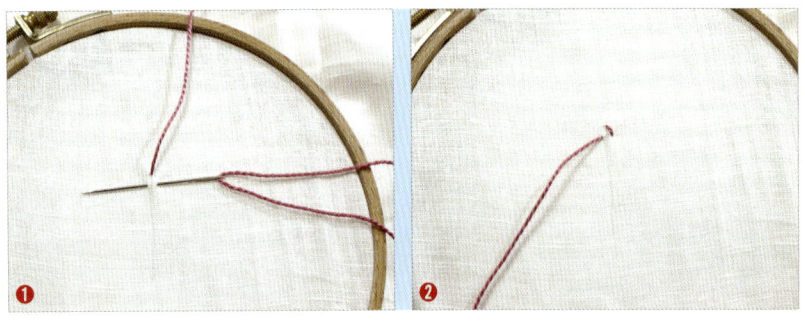

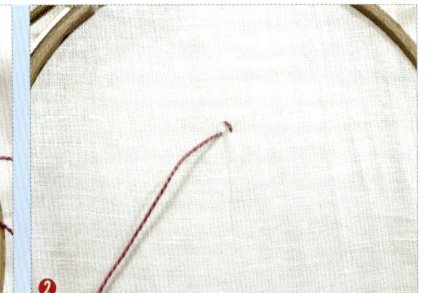

❶ 시작점에서 진행 방향으로 매듭의 크기만큼 바늘땀을 떠준다.

❷ 작은 바늘땀이 완성된다.

❸ 작은 땀 사이를 통과한다.

❹ 고리 모양을 줄여간다.

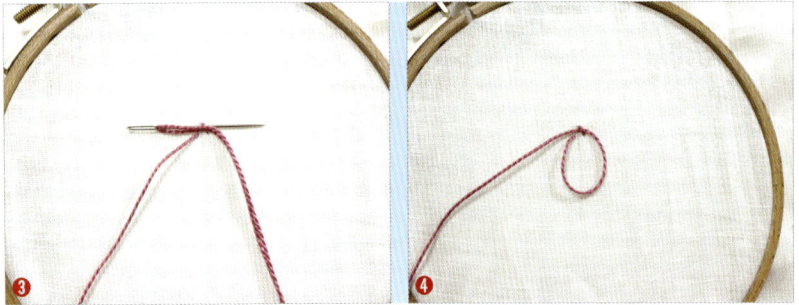

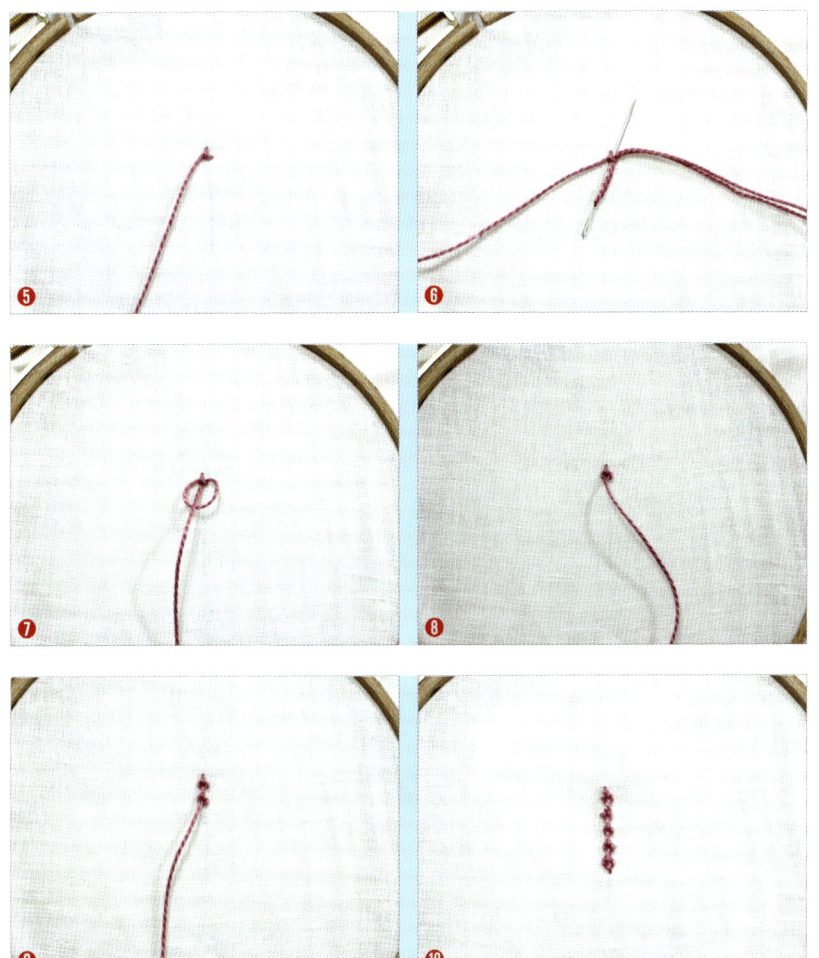

⑤ 땀을 가운데로 걸어준 모양이 된다.

⑥ 땀의 오른쪽으로 바늘을 통과시킨다.

⑦ 당겨지지 않게 고리 모양을 줄여간다.

⑧ 하나의 케이블 스티치가 완성된다.

⑨ 위와 같은 방법을 반복하여 케이블을 완성해나간다.

⑩ 케이블 스티치는 간격이 일정해야 하며 간격이 서로 가까울수록 모양이 예쁘다.

케이블 S

* 25번 면사

실론 스티치

뜨개질의 겉뜨기 같은 기법으로 스리랑카 스티치라고도 한다. 뜨개질에서는 기초적인 기법이지만 프랑스 자수에서는 고급 난이도의 스티치다. 백 스티치를 놓고 가로로 바늘코를 만들며 엮는데 뜨개질의 스웨터 질감 등을 표현하기에 좋다.

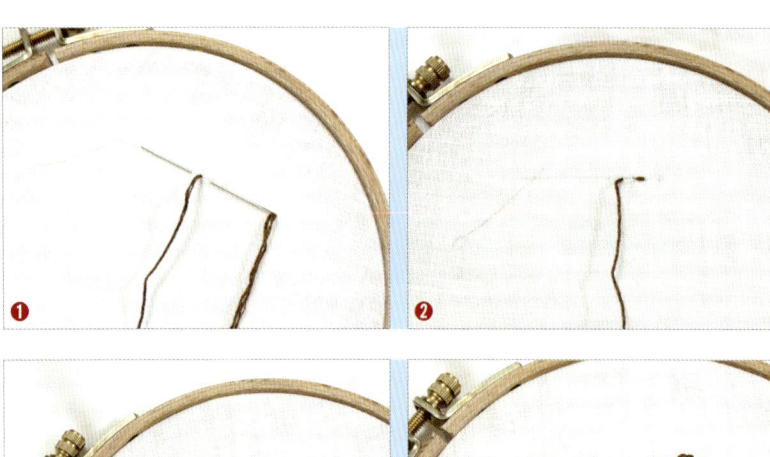

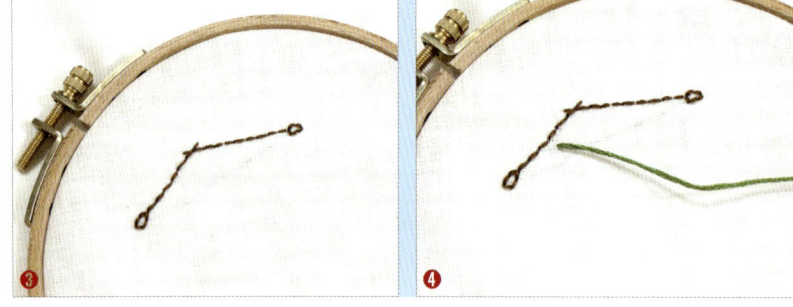

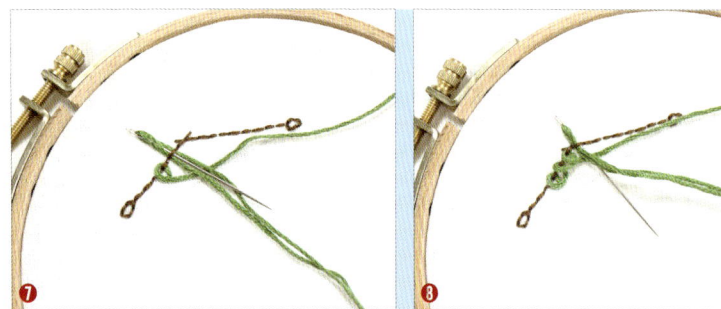

❶ 백 스티치로 시작한다.

❷ 백 스티치의 간격은 일정해야 하며 한 땀의 길이는 3mm가 적당하다.

❸ 뜨개코를 만들어갈 기준선이 완성된다.

❹ 뜨개코의 길이만큼 떨어진 점에서 바늘을 빼준다.

❺ 백 스티치의 땀 사이를 아래에서 위로 통과한다.

❻ 실을 위에서 아래 방향으로 돌려 뜨개코를 만들어준다.

❼ 다음 땀에 바늘을 통과시킨다.

❽ 위와 같은 방법으로 뜨개코를 일정한 크기로 만들어간다.

9 첫줄이 완성된 후에는 4의 일직선에서 바늘을 넣어 마무리해준다.

10 뜨개코의 길이만큼 떨어뜨린 점에서 다시 두 번째 줄을 시작한다.

11 만들어진 코의 가로 방향으로 코의 위아래 실을 함께 통과시킨다.

12 통과한 실을 위에서 아래 방향으로 돌려 다음 코를 만든다.

13 차례대로 첫 줄의 코를 가로로 통과하며 두 번째 코를 만들어간다.

14 뜨개코의 길이는 일정해야 한다.

15 10의 일직선이 되는 점에 바늘을 꽂아 마무리한다.

16 다시 뜨개코 길이의 간격을 남기고 시작한다.

17 16의 일직선이 되는 점에서 마무리해주어야 한다.

18 실론 스티치는 뜨개코에 여유없이 당기듯 감아 끝을 만들어서 마무리한다.

백 S

실론 S

스트레이트 S

아웃라인 S

*25번 면사

049

봄(꽃과 나비*전원의 집*고양이)
여름(바다와 배*불가사리*게*블루플라워)
가을(가을꽃과 나무*고추잠자리*들판의 집)
겨울(털장갑과 모자*눈송이*펭귄*에델바이스*포인세티아)

2장

프랑스 자수
모티브

봄

꽃과 나비 * 전원의 집 * 고양이

크레탄 S

백 S

프렌치 노트 S

아웃라인 S

spring

카우칭 S

번들 S

체인 S

카우칭 S

레이지 데이지 S

케이블 S

프렌치 노트 S

아웃라인 S

여름

바다와 배 * 불가사리 * 게 * 블루플라워

도안 100%

더블 페더 S

카우칭 S

페더 S

코럴 S

지그재그 체인 S

케이블 S

블리온 로즈 S

코럴 S

아웃라인 S

백 S

가을

가을꽃과 나무 * 고추잠자리 * 들판의 집

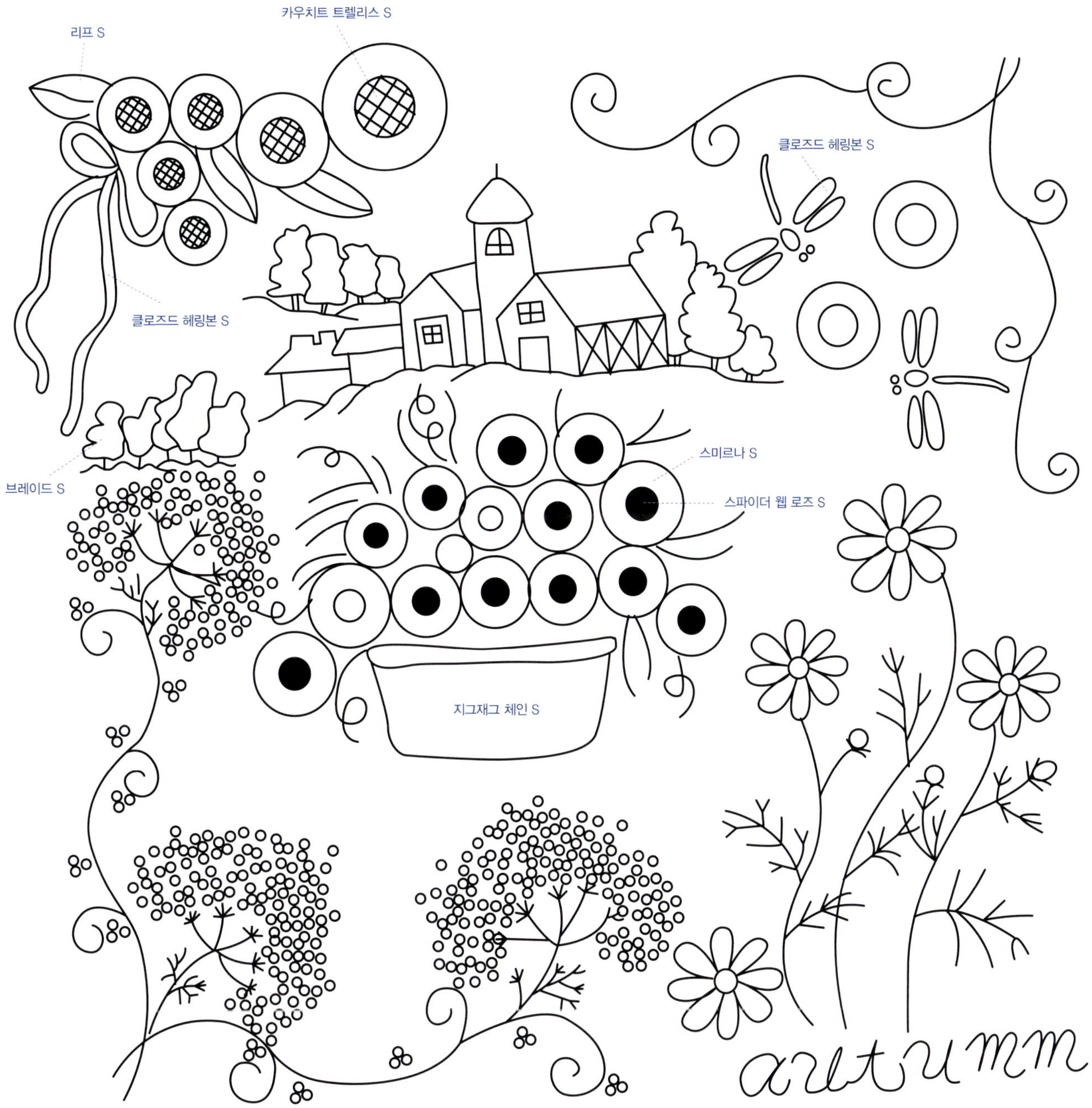

리프 S

카우치트 트렐리스 S

클로즈드 헤링본 S

클로즈드 헤링본 S

브레이드 S

스미르나 S

스파이더 웹 로즈 S

지그재그 체인 S

autumm

겨울

털장갑과 모자 * 눈송이 * 펭귄 * 에델바이스 * 포인세티아

도안 100%

레이즈드 리프 S

페더 S

롱 앤 숏 S

카우칭 S

스미르나 S

실론 S

스파이더 웹 로즈 S

브레이드 S

체인 S

스타 S

프렌치 노트 S

립드 스파이더 웹 S

플라이 S

3장

프랑스 자수
소품

브로치&반지

01 브로치 또는 반지 동판을 대고 본을 그린 후 시접선 1cm 를 그려줍니다.

02 수성펜이나 초크페이퍼로 도안을 그려줍니다.

03 수를 놓아줍니다.

04 시접선에서 0.5cm 밖으로 홈질해줍니다.

05 동판을 안에 대고 홈질 부분을 당겨 동판에 고정한 후 지그 재그로 당겨서 동판과 천 사이를 고정합니다.

06 접착제를 이용해 프레임에 고정시켜서 마무리해주면 완성.

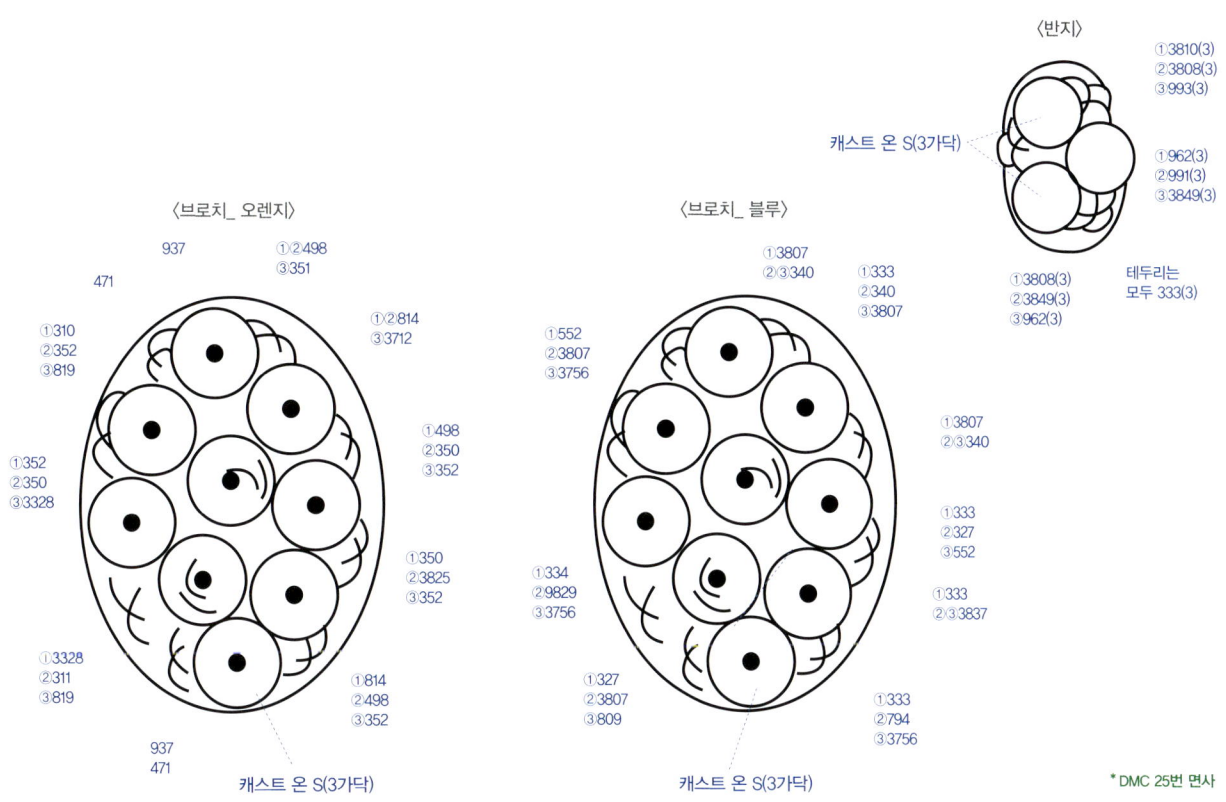

〈반지〉

①3810(3)
②3808(3)
③993(3)

캐스트 온 S(3가닥)

①962(3)
②991(3)
③3849(3)

①3808(3)
②3849(3)
③962(3)

테두리는
모두 333(3)

〈브로치_ 오렌지〉

937   ①②498
471   ③351

①310
②352
③819

①②814
③3712

①352
②350
③3328

①498
②350
③352

①350
②3825
③352

①3328
②311
③819

①814
②498
③352

937
471

캐스트 온 S(3가닥)

〈브로치_ 블루〉

①3807   ①333
②③340   ②340
         ③3807

①552
②3807
③3756

①3807
②③340

①333
②327
③552

①334
②9829
③3756

①333
②③3837

①327
②3807
③809

①333
②794
③3756

캐스트 온 S(3가닥)

* DMC 25번 면사

063

블루 리본 핀 쿠션

01 앞면과 뒷면 2장을 재단합니다.

02 수성펜이나 초크페이퍼를 이용하여 도안을 그려줍니다.

03 겉과 겉을 박음질합니다. 이때 창구멍을 약간 남기고 뒤집어줍니다.

04 공그르기로 창구멍을 마무리해줍니다.

05 박음질 부분에 페더 스티치로 마감을 해줍니다.

06 중앙에 포인트가 되는 단추 등으로 마무리하면 완성.

3811(2) 794(2) 아웃라인 필링 S

224(2) 88(2) 760(2)
프렌치 노트 S

224(2)

818(2) 블리온 로즈 S

760(2)

단추

760(2) 페더 S

471(2) 아웃라인 S

471(2) 3346(2)
레이지 데이지 S

*DMC 25번 면사

 프랑스 자수 소품 #03

그린 플라워 도일리

01 도일리 모양의 본을 그려줍니다.

02 3mm 간격의 선을 그려주세요.

03 3mm의 러닝 스티치를 안과 밖의 선을 따라 놓아줍니다.(이 때 모든 매듭은 완성 후 컷팅할 때 매듭이 잘리지 않도록 3mm 간격 사이에 둡니다.)

04 블랭킷 스티치로 홈질한 땀을 감싸가며 수놓아줍니다.

05 마지막 매듭도 3mm 간격 사이에 오도록 짓고, 완성된 라인을 따라 잘라주면 완성.

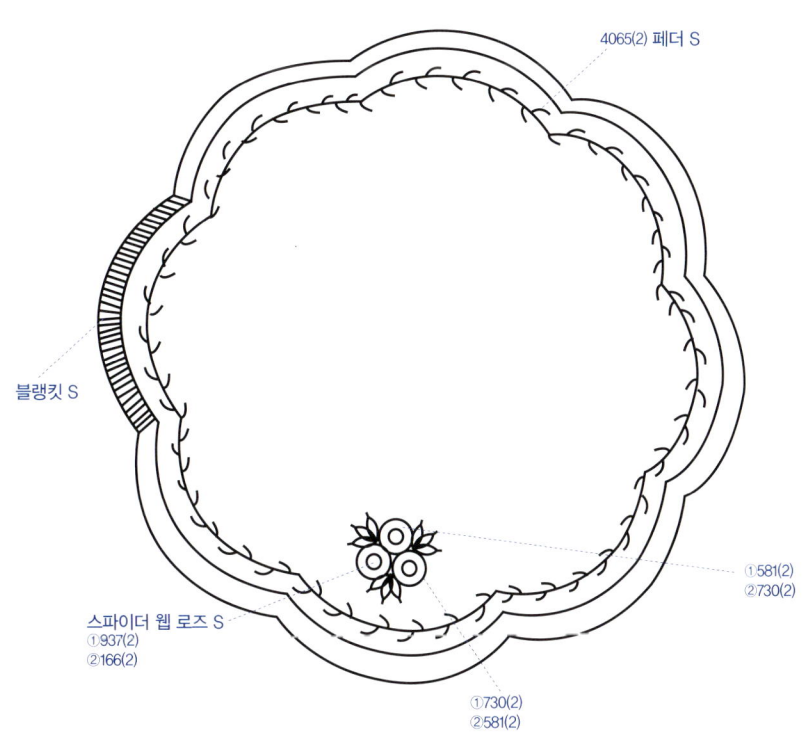

4065(2) 페더 S

블랭킷 S

①581(2)
②730(2)

스파이더 웹 로즈 S
①937(2)
②166(2)

①730(2)
②581(2)

* DMC 25번 면사

골드워크 스프링 파우치

01 시접을 1cm 두고 겉감 2장, 안감 2장을 재단해줍니다.

02 겉감의 밑부분에 수를 놓아줍니다.

03 안감-겉감의 순서로 연결합니다.(시접은 안감 쪽으로 놓습니다.)

04 연결한 안감과 겉감을 마주보게 놓고 끈을 넣을 정도 크기의 창구멍을 남기고 홈질해줍니다.

05 창구멍을 뒤집은 뒤 끈이 들어갈 부분을 홈질로 막아줍니다.

06 끈을 끼워주면 완성.

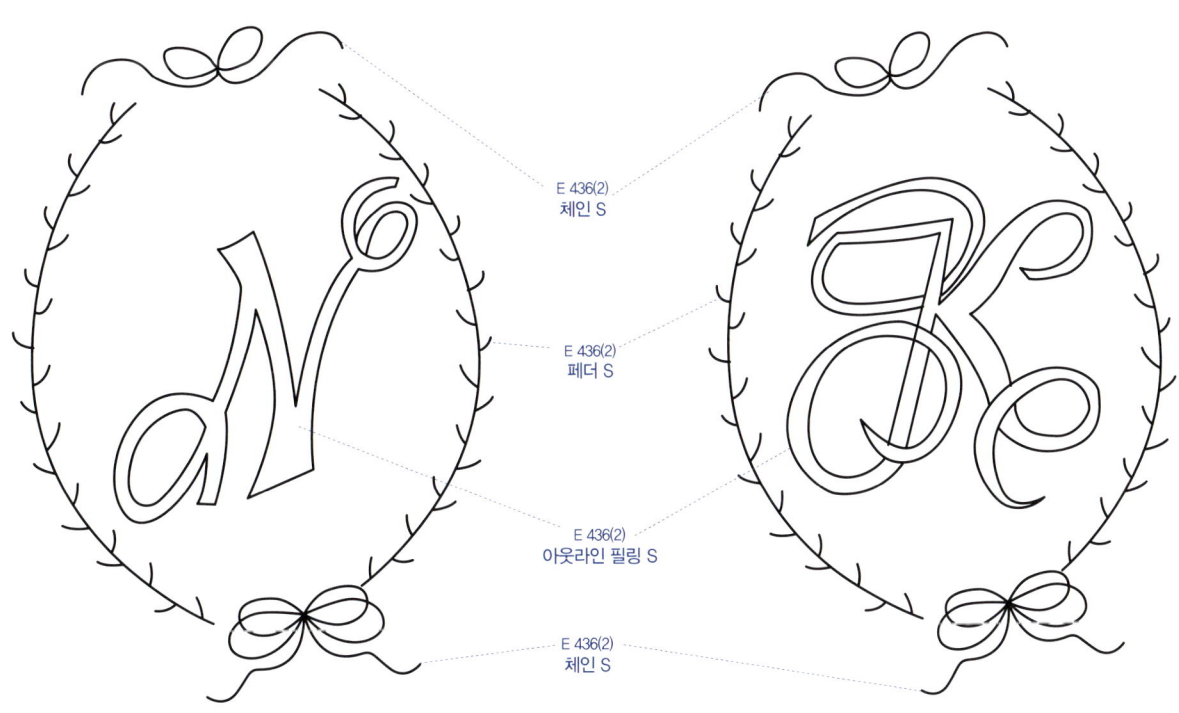

E 436(2)
체인 S

E 436(2)
페더 S

E 436(2)
아웃라인 필링 S

E 436(2)
체인 S

* DMC E 436

스타일 손거울

01 손거울 동판을 대고 본을 그린 후 시접선 1cm를 그립니다.

02 밑그림으로 도안을 그려줍니다.

03 수를 놓아줍니다.

04 시접선에서 0.5cm 밖으로 홈질합니다.

05 동판을 안에 대고 홈질 부분을 당겨 동판에 고정한 후 지그재
  그로 당겨서 동판과 천 사이를 고정합니다.

06 접착제를 이용해 프레임에 고정시켜 마무리해주면 완성.

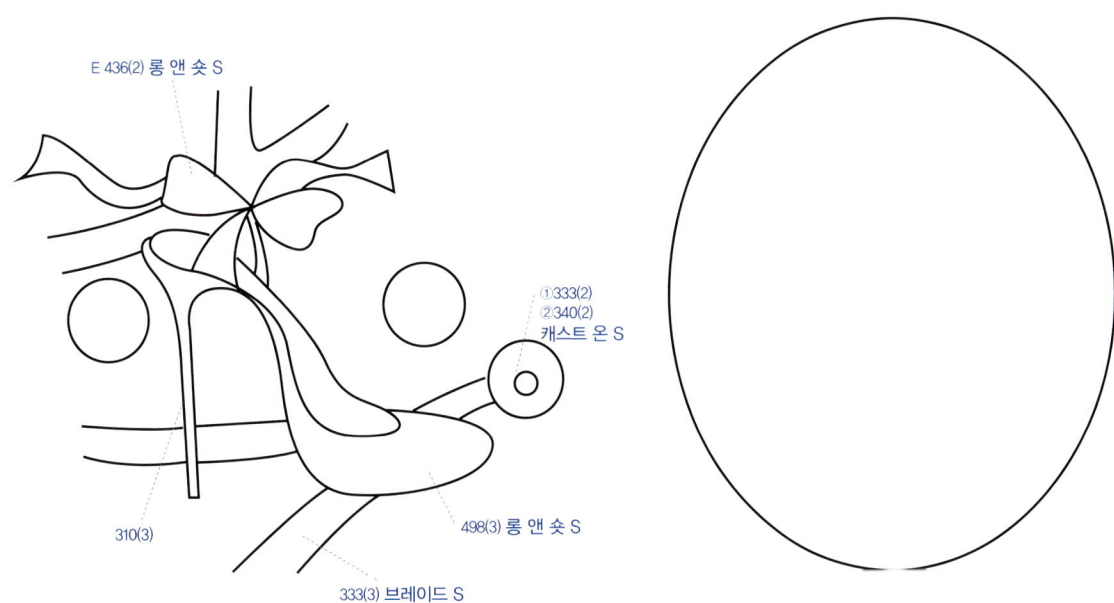

E 436(2) 롱 앤 숏 S

①333(2)
②340(2)
캐스트 온 S

310(3)

498(3) 롱 앤 숏 S

333(3) 브레이드 S

* DMC 25번 면사

프리티 니들케이스

01 겉면과 안쪽 면을 사이즈에 맞게 재단해줍니다.

02 수성펜이나 초크페이퍼로 도안을 그려줍니다.

03 수를 놓아줍니다.

04 심지–겉면–안쪽 면 순으로 겉과 겉을 박음질한 후 창구멍만 약간 남겨 둡니다.

05 시접 부분을 자르고 뒤집어서 공그르기로 마무리해줍니다.

06 니들케이스 안쪽 바늘꽂이도 위와 같은 방법으로 만들어 중심을 고정해줍니다.

07 단추를 달아 마무리해줍니다.

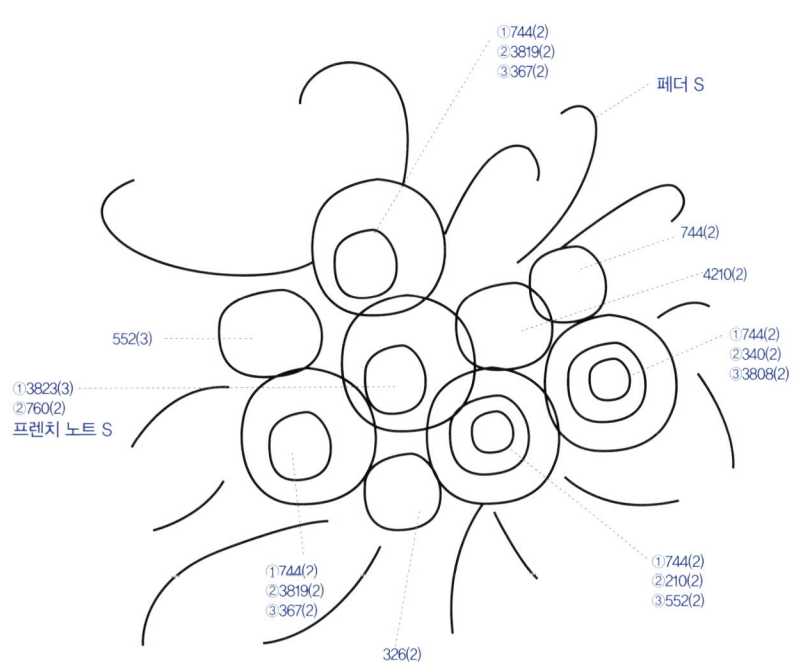

①744(2)
②3819(2)
③367(2)

페더 S

744(2)

4210(2)

①744(2)
②340(2)
③3808(2)

552(3)

①3823(3)
②760(2)
프렌치 노트 S

①744(2)
②3819(2)
③367(2)

①744(2)
②210(2)
③552(2)

326(2)

* DMC 25번 면사

크리놀린 모던 에이프런

01 에이프런을 사이즈에 맞게 끈과 몸통 부분으로 재단해줍니다.

02 수를 놓아줍니다.

03 몸통 부분을 먼저 박음질한 후 끈을 연결합니다.

04 끈 부분에 레이스를 붙여 마무리하면 완성.

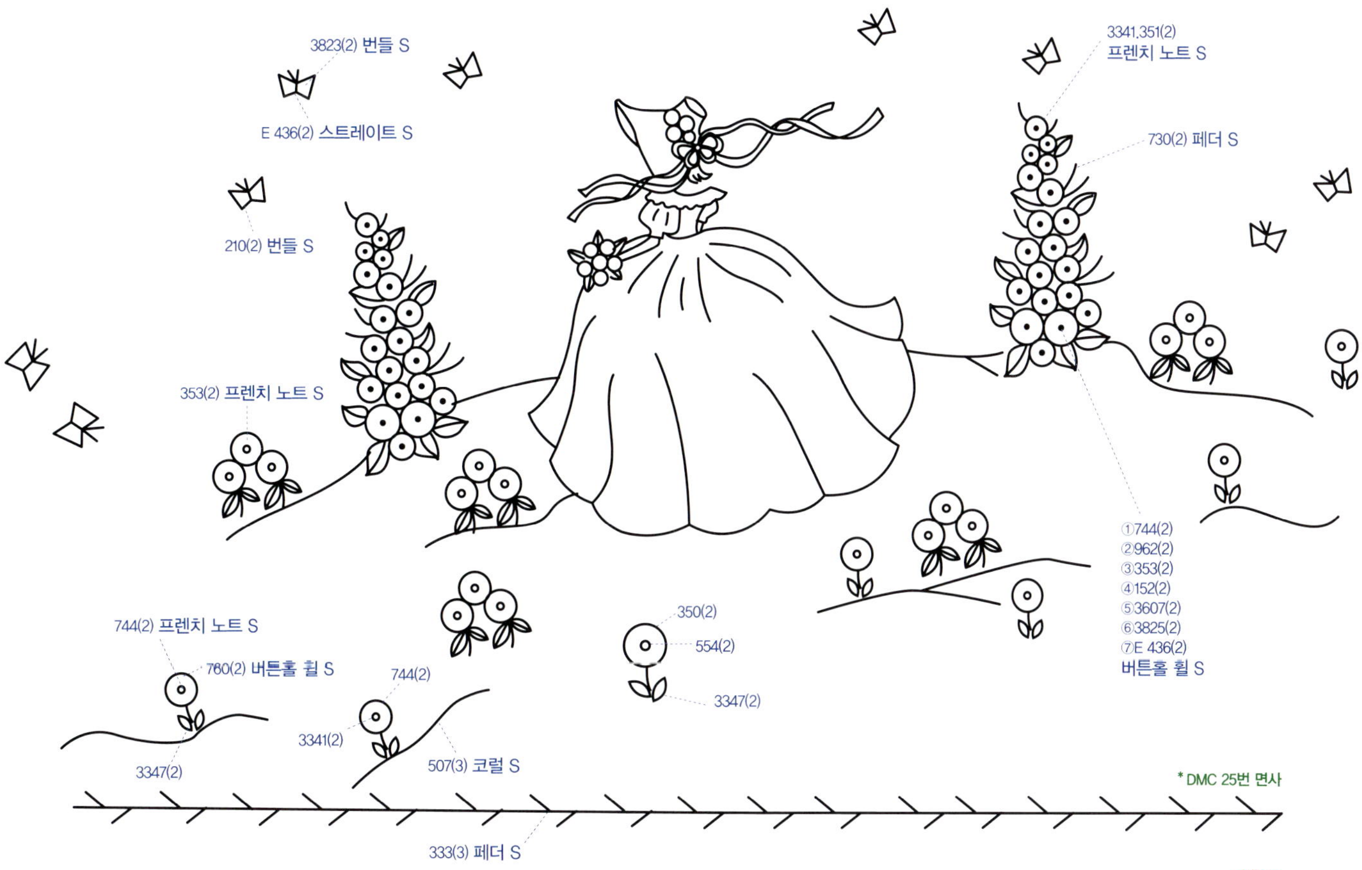

3823(2) 번들 S

E 436(2) 스트레이트 S

210(2) 번들 S

353(2) 프렌치 노트 S

3341,351(2) 프렌치 노트 S

730(2) 페더 S

①744(2)
②962(2)
③353(2)
④152(2)
⑤3607(2)
⑥3825(2)
⑦E 436(2)
버튼홀 휠 S

744(2) 프렌치 노트 S

760(2) 버튼홀 휠 S

744(2)

350(2)

554(2)

3347(2)

3341(2)

3347(2)

507(3) 코럴 S

*DMC 25번 면사

333(3) 페더 S

플라워 티매트

01 60*30cm 사이즈로 천을 재단해줍니다.

02 수성펜이나 초크페이퍼로 도안을 그려줍니다.

03 수를 놓아줍니다.

04 시접분을 접어 박음질해줍니다.

05 레이스를 달아 박음질해서 마무리하면 완성.

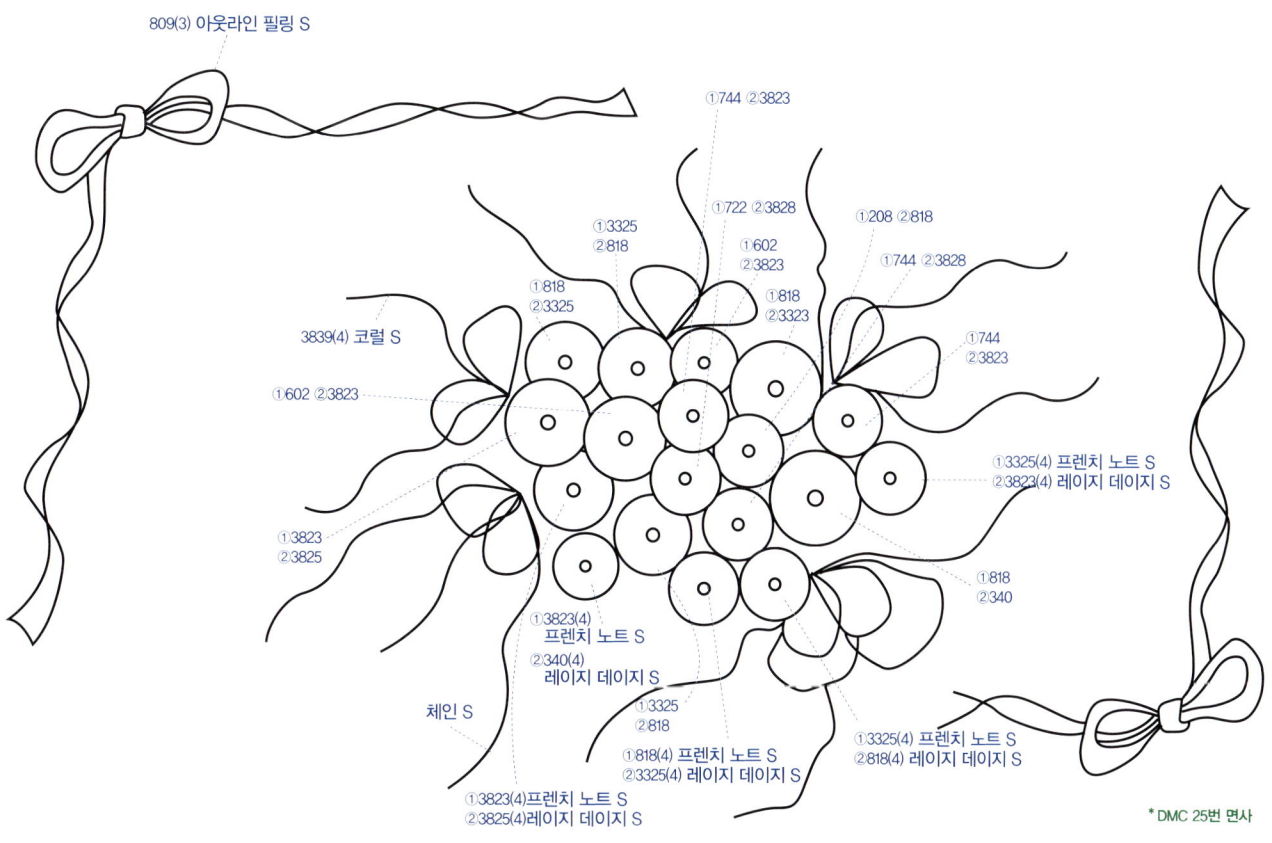

809(3) 아웃라인 필링 S

①744 ②3823

①722 ②3828

①3325 / ②818

①208 ②818

①602 / ②3823

①744 ②3828

①818 / ②3325

①818 / ②3323

3839(4) 코럴 S

①744 / ②3823

①602 ②3823

①3325(4) 프렌치 노트 S
②3823(4) 레이지 데이지 S

①3823 / ②3825

①818 / ②340

①3823(4) 프렌치 노트 S
②340(4) 레이지 데이지 S

체인 S

①3325 / ②818

①3325(4) 프렌치 노트 S
②818(4) 레이지 데이지 S

①818(4) 프렌치 노트 S
②3325(4) 레이지 데이지 S

①3823(4)프렌치 노트 S
②3825(4)레이지 데이지 S

*DMC 25번 면사

플라워 티코지

01 티코지의 앞장, 뒷장 모양을 재단해줍니다.(시접분은 1cm 로 하고 안감은 보온성을 위해 누빔솜 원단으로 2장 재단)

02 수성펜이나 초크페이퍼로 도안을 그려줍니다.

03 수를 놓아줍니다.

04 안감의 앞뒤를 박음질해줍니다.

05 겉감의 겉과 겉 사이에 레이스를 대고 박음질해줍니다.

06 안감의 겉과 겉감의 겉을 마주대고 박음질한 후 창구멍으로 뒤집어 공그르기로 마무리해주면 완성.

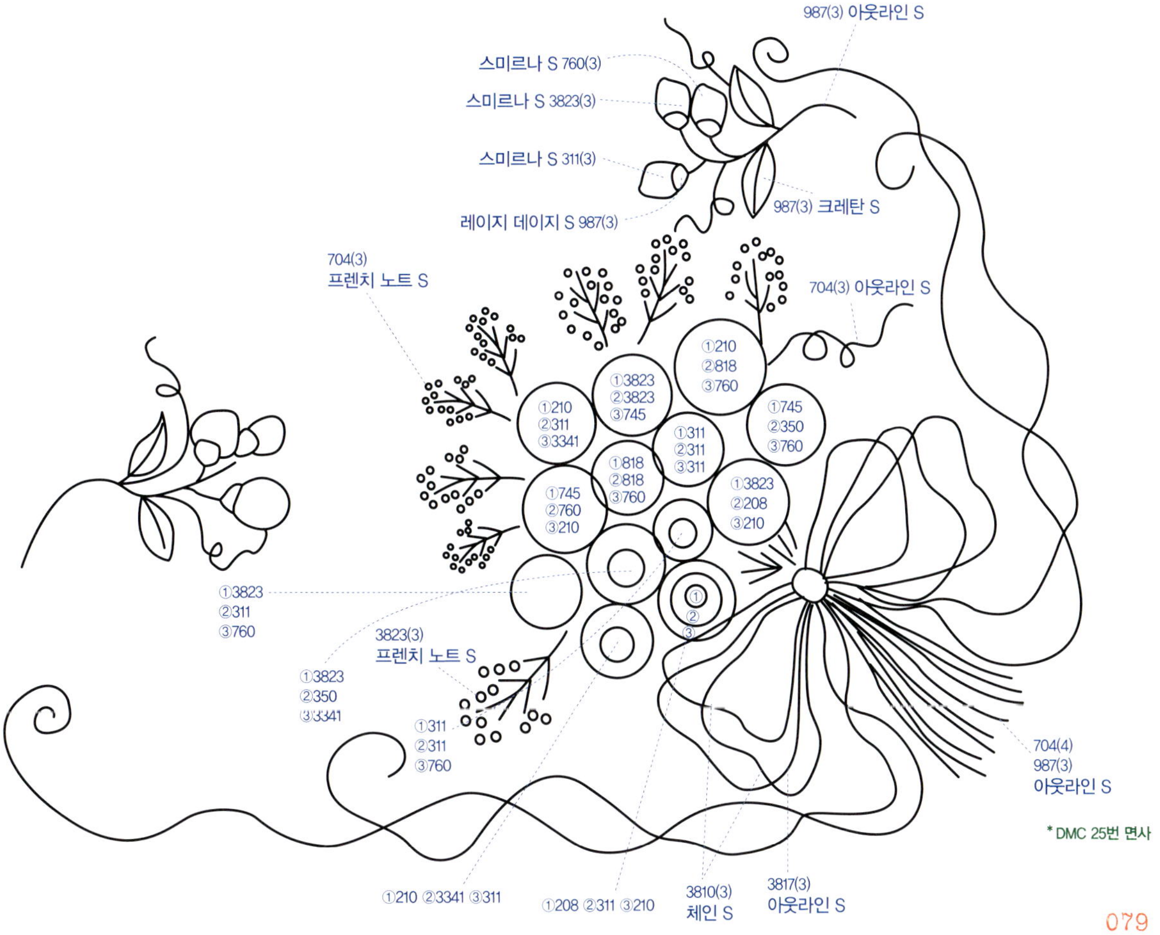

987(3) 아웃라인 S

스미르나 S 760(3)

스미르나 S 3823(3)

스미르나 S 311(3)

레이지 데이지 S 987(3)

987(3) 크레탄 S

704(3) 프렌치 노트 S

704(3) 아웃라인 S

①210 ②818 ③760

①3823 ②3823 ③745

①210 ②311 ③3341

①745 ②350 ③760

①311 ②311 ③311

①818 ②818 ③760

①3823 ②208 ③210

①745 ②760 ③210

①3823 ②311 ③760

①3823 ②350 ③3341

3823(3) 프렌치 노트 S

①311 ②311 ③760

704(4) 987(3) 아웃라인 S

*DMC 25번 면사

①210 ②3341 ③311

①208 ②311 ③210

3810(3) 체인 S

3817(3) 아웃라인 S

 프랑스 자수 소품 #10

프레임 파우치

01 본을 대고 겉감과 안감을 재단해줍니다.

02 겉감에 수를 놓아줍니다.

03 접착솜–겉감–안감 순으로 놓고 창구멍을 약간 남기고 홈질해줍니다.

04 시접선 부분의 솜은 바싹 자르고, 뒤집어서 창구멍을 공그르기로 막아줍니다.

05 반을 접어 프레임이 닿는 위치까지 옆선을 공그르기로 막아줍니다.

06 바닥은 5cm로 세모접기를 해줍니다.

07 프레임을 달아주면 완성.

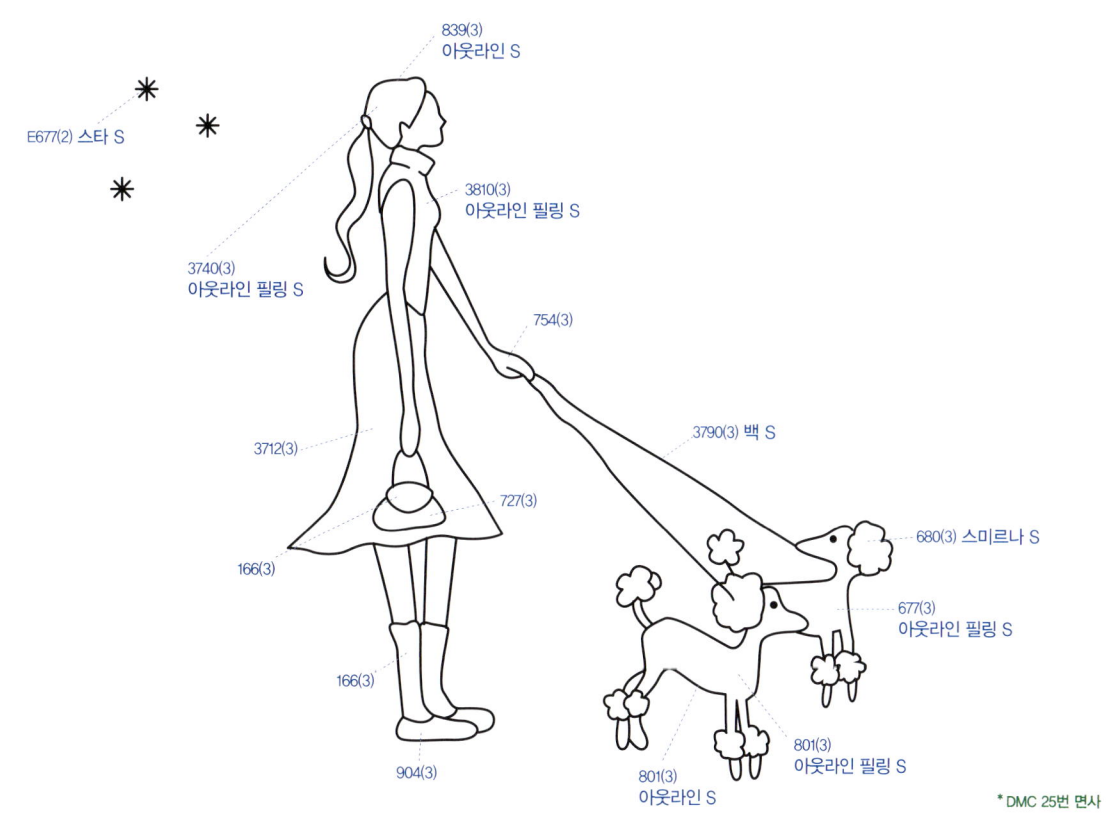

839(3)
아웃라인 S

E677(2) 스타 S

3810(3)
아웃라인 필링 S

3740(3)
아웃라인 필링 S

754(3)

3712(3)

3790(3) 백 S

727(3)

680(3) 스미르나 S

166(3)

677(3)
아웃라인 필링 S

166(3)

801(3)
아웃라인 필링 S

904(3)

801(3)
아웃라인 S

*DMC 25번 면사

한 땀 한 땀 손끝의 정성으로 완성하는 아름답고 실용적인 바느질 안내서
책만 봐도 바로 따라할 수 있다!
보고 만들고 즐기는 나만의 핸드메이드 아이템!

펠트 소품 DIY
: 우리 아이를 위한 초록여신의 생활 소품 DIY

아이방, 학용품, 패션, 장난감, 액세서리 소품까지 우리 아이를 위해 직접 만드는 펠트 용품!

눈 깜빡 하면 지나가 버리는 아이의 어린 시절에 엄마가 만들어주는 펠트 소품과 옷, 장난감, 학용품 등을 선물해 보자. 쉬운 설명과 세세한 만들기 방법 그리고 도안이 수록되어 있기 때문에 엄마 혼자 뚝딱 만들어도 좋지만 아이와 함께 놀이하듯 즐거운 시간을 보낼 수 있다. 도톰하고 부드러운 소재인 펠트로 만들어서 아이 몸에 닿아도 무해하고 기분 좋은 감촉과 편안함을 주며, 떨어뜨려도 망가질 염려가 없다. 핸드메이드, 자투리 사랑으로 유명한 초록여신이 제안하는 '우리 아이에게 가장 필요하고 의미 있는 펠트 DIY'를 통해 3년 연속 파워블로그에 선정된 펠트 소품 만들기 노하우를 만나보자.

초록여신 김수영 지음 | 136쪽 | 14,300원

프랑스자수 스티치 200

풍부한 일러스트를 통한 상세한 설명으로 초보자도 쉽게 배우는 자수 기법 200

이 책은 입소문으로 알 만한 사람은 다 아는 일본 보그사의 기초 BOOK 시리즈 중 유럽 자수를 중심으로 200가지 자수 스티치를 설명하고 있다. 기본 스티치 116가지와 변형 스티치 14가지를 알려주고, 리본 자수와 비즈 자수, 아플리케 등 자수 테크닉을 함께 다루고 있다. 꼭 필요한 기본 자수 스티치만을 담아 바늘이 들어가고 나가는 순서대로 따라 하다 보면 초보자도 별다른 설명 없이 자수 작품을 완성할 수 있다. 스티치 일러스트와 수 놓은 실제 사진을 통해 수를 제대로 놓고 있는지 확인하기에 편리하며, 도안을 보며 배운 스티치를 바로바로 응용할 수도 있다.

일본 보그사 지음/오노에 메구미 감수/김수연 역/최수정(헬렌정) 번역본 감수 | 104쪽 | 11,800원

엄마들의 든든한 멘토, EBS 〈60분 부모〉에서 엄선한 자녀교육 솔루션,
아이의 바른 성장과 더불어
부모까지 행복해질 수 있는 비법을 담았습니다!

EBS 60분 부모 : 행복한 육아 편

내 아이의 몸과 마음이 튼튼해지는 육아 처방전
부모 됨에 대한 자신감을 찾아 드립니다!

이 책은 〈60분 부모〉에서 방송됐던 육아 문제의 화두 중에서 부모들이 궁금해할 만한 내용을 고르고 신체 건강과 정신 건강으로 나누어 현명한 솔루션을 제공한다. 요즘 부모와 아이 모두 관심 있어 하는 '키, 영어 교육, 경제교육'을 필두로 하여 아이들이 자주 겪는 '틱, 섭식, 형제갈등' 등의 문제를 파헤친다. 또한 아이의 '수면, 척추, 눈건강'에 대해 자세한 정보를 제공하고 우리 아이의 몸과마음이 건강해지려면 어떻게 해야 하는지 명쾌한 해법을제시한다. 마지막으로 아이를 행복하게 하는 '좋은 부모'가 되기 위해서 어떻게 해야 하는지를 제안함으로써 '행복한 육아'라는 궁극적 메시지를 전달한다.

EBS 60분 부모 제작팀 지음 | 272쪽 | 14,300원

EBS 60분 부모 : 똑똑한 학습법 편

지혜로운 부모가 똑똑한 자녀를 만듭니다!
공부의 핵 '집중력'과 최신 공부 트렌드 '자기주도학습'에 대한 모든 것을 담았습니다!

'학문에 왕도는 없다'라는 그리스 현자의 격언에도 불구하고 공부에 효과적인 방법은 있다. 이 책은 '집중력 향상'과 '자기주도학습의 실천' 등 그 구체적인 방법들을 제시해 주는 것을 목표로 하고 있다. EBS 〈60분 부모〉는10여 년간에 걸쳐 공부 문제에 관한 수많은 사례들과 해법을 제시해 왔다. 학습 전문가, 교사, 교수, 심리학자 그리고 신경 정신과 의사 등 여러 전문가들의 자문을 총망라한 구체적이고 실증적인 학습 치료 방법을 책으로 만나 보자.

EBS 60분 부모 제작팀 지음 | 292쪽 | 14,300원

얼굴도 몸매도 '착하게' 예뻐지는 뷰티 시크릿이 여기에 모두 있다!
365일 티 안 나게 예뻐지자
고민 말고 아름다움을 내 얼굴에, 몸에 걸쳐라!

원포인트 메이크업

초보자에게 더 유용한 셀프 메이크업, 쉬운 메이크업 하코냥에게 배워라!

파워 블로거 '하코냥'이 메이크업을 시작하기 전 준비물부터 메이크업 브러시의 종류와 세척 방법, 기초 화장품을 바르고 지우는 법, 눈썹 그리기, 마스카라 종류와 선택법 등 수많은 화장품 앞에서 망설이는 초보자가 꼭 알아야 할 정보들을 짚어준다. 그리고 스킨, 아이, 립, 블러셔 등 한 곳에 포인트를 준 화장법을 소개한다. 자연스럽게 얼굴에 생기를 불어넣는 테크닉이 담겨 있다. 집에 묵혀 두었던 화장품을 꺼내 하나씩 따라 하다 보면, 러블리, 로맨틱, 큐트, 시크 등 색다른 분위기를 연출할 수 있다. 초보자에게 더 유용한 메이크업 테크닉으로 매일 새로운 나의 모습을 발견해 보자.

박미화 지음 | 216쪽 | 값 14,500원

슈퍼 다이어트 : 채식 몸짱 혜강의

7주간의 채식 식단과 운동 프로그램이 한 권에 들어 있다!

아시아 최초이자 유일한 비건(Vegan) 보디빌더 트레이너 도혜강의 7주 10kg 감량 프로젝트를 소개한다. 주차별로 운동 초보자로 쉽게 따라 할 수 있는 운동 프로그램과 간단한 채식 레시피를 수록하였다. 이 책대로 하여 7주 사이클이 끝나면 다시 첫 주로 돌아가 운동 횟수를 늘리고 소요 시간 단축을 목표로 운동 강도를 높여 슈퍼 다이어트를 이어나가면 된다. 이 프로젝트에 참여한다면 꿈만 꾸던 탄탄한 몸매와 건강을 함께 얻을 수 있을 것이다.

혜강 지음 | 160쪽 | 값 15,000원